한국어문회
지정지침서

한자능력 검정시험

6급 II

권하는 글

우리 겨레는 아득한 옛날부터 우리말을 쓰면서 살아 왔다. 아마 처음에는 요사이 우리가 쓰고 있는 아버지, 어머니, 위, 아래, 하나, 둘, 바위, 돌, 물, 불 같은 기초어휘가 먼저 쓰였을 것이다.

그러다가 약 2천년 전부터, 당시로는 우리 겨레보다 文化水準(문화수준)이 높았던 이웃 나라의 中國(중국)사람들과 접촉하면서 그들의 글자와 글인 漢字와 漢文을 받아들이게 되고 漢字로 이루어진 어휘도 많이 빌려 쓰게 되었다. 이리하여 우리 겨레는 우리의 고유어와 함께, 父(부)·母(모), 上(상)·下(하), 一(일)·二(이), 岩(암)·石(석)과 같은 漢字語를 쓰게 되었으며, 본래 우리말의 기초어휘에 없던 추상적인 말, 예를 들면 希望(희망), 進步(진보), 勇氣(용기), 特別(특별)과 같은 어휘와, 사회제도 및 정부 기구를 나타내는 科擧(과거), 試驗(시험), 判書(판서), 捕校(포교) 등도 함께 써 오게 되었다.

이러한 현상은 오늘날에도 마찬가지여서, 새로운 文物制度(문물제도)가 생기고 學問(학문)이 발달하면, 자연스러이 漢字로 새 단어를 만들어 쓰는 일이 많다. 治安監(치안감), 元士(원사), 修能試驗(수능시험), 面接考査(면접고사), 高速電鐵(고속전철), 宇宙探索(우주탐색), 公認仲介士(공인중개사) 등 예를 이루 다 들 수가 없다.

따라서 우리는 이미 우리말 안에 녹아들어 있는 漢字語를 정확하게 이해하여, 순수한 우리의 고유어와 함께 우리말을 더욱 올바르게 사용하기 위하여 漢字를 공부하여야 한다.

韓國語文敎育硏究會에서는 우리 국민의 漢字에 대한 이해를 촉진시키고 국어 생활의 수준을 향상시키고자 여러 한자 학습 교재를 편찬해 왔다. 또 한편으로는 韓國漢字能力檢定會에서 시행하고 있는 全國漢字能力檢定試驗에도 對備(대비)할 수 있도록 級數(급수)別로 漢字를 배정하고, 漢字마다 표준이 된 訓과 音, 그리고 長短音(장단음)을 표시하였으며, 누구나 알아야 될 類義語(유의어), 反意語(반의어), 故事成語(고사성어), 漢字의 部首(부수), 널리 쓰이고 있는 略字(약자) 등도 자세히 제시해 두고 있다.

우리의 漢字學習 目的(목적)은 어디까지나 국어 안의 한자어를 제대로 알고자 하는 데 있으나, 이러한 한자학습을 통하여 우리의 文化遺産(문화유산)인 漢文(한문) 典籍(전적)을 읽어 내고, 漢語(한어)를 배우는 데도 도움이 될 수 있을 것이라고 믿는다.

2005年 6月 20日

韓國語文敎育硏究會 會長　姜 信 沆

머리말

　國語(국어) 어휘의 70% 정도를 차지하고 있는 것이 漢字語(한자어)입니다. 30여년 간의 한글 專用(전용) 교육은 국민의 國語 能力(능력)을 低下(저하)시킴으로써 상호간 意思疏通(의사소통)을 모호하게 하고, 學習(학습) 能力(능력)을 減少(감소)시켰을 뿐만 아니라, 傳統(전통)과의 단절, 한자문화권 내에서의 孤立(고립)이라는 결과를 빚어냈습니다.

　이미 30여년 전에 이런 한글 專用 교육의 盲點(맹점)을 파악하고 漢字 교육을 통한 國語 교육 正常化(정상화)를 기치로 내세워 발족한 韓國語文敎育硏究會는 잘못된 語文(어문) 정책을 바로잡기 위한 여러 활동을 꾸준히 벌여 왔습니다. 語文 정책을 바로잡기 위한 활동의 강화 차원에서 社團法人 韓國語文會를 창립하였고, 公敎育(공교육)에서 담당하지 못하고 있는 漢字 교육을 장려하기 위하여 韓國漢字能力檢定會를 설립하였습니다.

　국민의 言語 能力, 事務(사무) 能力 低下(저하)는 필연적으로 國家(국가)와 社會(사회) 양쪽에서부터 반성을 불러 일으켰습니다. 政府(정부)는 公文書(공문서)에 漢字를 倂記(병기)하자는 결정을 내렸으며, 한편으로 經濟(경제) 단체에서는 漢字 교육의 필요성을 力說(역설)하고 있습니다. 머지않아 公敎育에서도 漢字가 混用(혼용)된 교재로 정상적인 학습을 할 날이 到來(도래)할 것을 의심치 않습니다.

　한글 전용 교육을 받고 자라난 世代(세대)가 이제는 社會의 중장년층이 된 바, 漢字를 모르는 데서 오는 불편을 후손에게 대물림하지 않기 위하여 漢字 교육에 관심을 보이고 있습니다. 이는 全國漢字能力檢定試驗에 응시하는 미취학 아동과 초등학생 지원자의 수가 꾸준히 증가하는 것에서 확인할 수 있습니다.

　韓國語文敎育硏究會는 全國漢字能力檢定試驗 교재를 이미 10여년 전에 출간하였으나 그 내용이 지나치게 간단하였기에, 학습자들이 보다 쉽게 漢字를 익히고, 全國漢字能力檢定試驗에 대비할 수 있는 級數別(급수별) 自習書(자습서)의 보급이 필요하다고 판단하여, 이 학습서를 출간하게 된 것입니다. 이 책은 각 級數別 읽기와 쓰기 配定 漢字를 구별하여, 각각의 활용 단어를 넣었으며, 그 외 字源(자원), 訓音(훈음), 讀音(독음), 長短音(장단음), 筆順(필순), 四字成語(사자성어) 등을 갖춤으로써 종합적 漢字(한자) 학습을 가능케 하였습니다.

　이 학습서가 全國漢字能力檢定試驗을 준비하는 모든 분들에게 훌륭한 길잡이가 되기를 바라마지 않습니다.

　　　　韓國語文敎育硏究會 編纂委員長　　　　　　　南 基 卓

한자능력검정시험이란

✎⤳

　　한자능력검정시험은 사단법인 한국어문회가 주관하고 한국한자능력검정회가 시행하는 한자 활용능력 검정시험입니다.

　　1992년 12월 9일 전국적으로 시행하여 현재에 이르기까지 매년 시행하고 있는 한자자격시험으로, 2001년 5월 19일 18회시험부터 1급~4급이 국가공인이 되었고 2005년 29회 시험부터는 1급~3급Ⅱ가 국가공인(공인증서 제 2005-2호)시험으로 치러지고 있으며, 시험에 합격한 재학생은 내신반영은 물론, 2000학년도부터 3급과 2급 합격자를 대상으로 일부 대학에서는 특기자 특별전형으로 신입생을 모집함으로써 권위 있는 한자자격시험으로 인정받고 있습니다.

　　한자능력검정시험은 현재 8급에서 4급까지를 교육급수로, 3급Ⅱ에서 특급까지를 공인급수로 구분하고 있으며, 초등학교에서 1,000자, 중·고등학교에서 1,000자, 대학교에서 1,500자 정도로 전체 3,500자의 한자를 배정하였습니다.

　　초등학교는 학년별로, 중학교 이상은 급수별로 습득할 한자 수를 분류하였으며, 한자에 대한 훈음, 장단음, 반의어/상대어, 동의어/유의어, 동음이의어, 뜻풀이, 약자, 한자쓰기, 완성형, 부수 등에 대한 문제를 내용으로 하고 있습니다. 한자능력검정시험은 한자 학습의 필요성을 깨우치고, 개인별 한자 습득 정도에 대한 객관적인 검정자료로 활용되어 한자 학습 의욕을 증진시키고, 사회적으로 한자 활용능력을 인정받는 우수한 인재를 양성함을 목적으로 합니다.

　　한자를 익히고 배우려는 뜻있는 학습자들께 한자능력검정시험이 작은 기쁨과 보탬이 되길 바랍니다.

알려두기

이 책의 특징은 한자능력검정시험에 필요한 모든 정보를 제공하여 수험자로 하여금 시험에 대비하도록 하기 위하여, 읽기배정한자와 쓰기배정한자를 분류하였고, 그 글자에 해당하는 유의어, 반의어, 약어 등을 정보란에 정리하였을 뿐만 아니라, 부록부분에 이들을 모아 전체를 한 눈으로 보고 집중적으로 공부할 수 있도록 하였다. 기출문제와, 실제 한자능력검정시험의 기출문제와 같은 유형의 실전문제를 두어 시험에 대비하도록 하였다.

이 책을 이용하는데 꼭 알아두어야 할 사항들은 다음과 같다.

1 **한자의 배열**은 대표음을 가나다순으로 배열하였다. 각 한자에 해당하는 급수를 제시하여 다른 급수를 학습하는데 도움을 주었다.

間 　7급 II
사이간(:)

닫혀있는 문(門) 사이에서 아침 해(日)가 비추어오는 형태에서 사이, 틈(間)의 의미이다.

2 **글자풀이란**을 두어 한자의 구성원리를 쉽게 이해하고 오래도록 기억할 수 있도록 하였으며, 이 때의 글자풀이는 수험자가 쉽게 이해할 수 있도록 자원풀이보다는 파자(글자를 풀어 설명하는)의 방법을 사용하였다.

3 **훈과 음**은 (사단법인) 한국어문회, 한국어문교육연구회, 한국한자능력검정회가 지정한 대표 훈과 음을 따랐다.

4 훈음에는 **장단음 표시**를 하여 수험자가 쉽게 장단음을 익히도록 하였다. 오직 장음으로만 발음되는 한자는 : 로, 장음과 단음이 단어에 따라 다른 것은 (:)로, 단음인 것은 표시를 하지 않았다.

間 | 7급II
사이 간(:)
門 | 4획

닫혀있는 문(門) 사이에서 아침 해(日)가 비추어오는 형태에서 사이, 틈(間)을 의미한다.

비 間(물을 문)
　門(문 문)
　聞(들을 문)
　開(열 개)

읽기한자

區間(구간) : 일정한 지점의 사이　　近間(근간) : 요사이
晝間(주간) : 낮 동안　　　　　　　　行間(행간) : 줄과 줄 사이

쓰기한자

間紙(간지) : 접어서 맨 책의 종이가 얇아 힘이 없을 때, 그 접은 각 장의 속에 넣어 받치는 종이, 속장
空間(공간) : 무한하게 퍼져 있는 빈 곳, 쓰지 않는 빈 칸
世間(세간) : 세상
時間(시간) : 어느 때로부터 어느 때까지의 사이

활용문

우리는 자리를 좁혀 한 사람 더 앉을 空間(공간)을 만들었다.

필순 ｜ 丨 丨 丨 丨 丨 門 門 門 門 閒 間 間

5 각 한자의 부수와 획수를 밝혔으며, 이 때의 획수는 총획에서 부수의 획수를 뺀 나머지 획으로 통일하였다.

6 배정한자 아래에는 **정보란**을 두어 그 배정한자에 해당하는 비슷한 한자(비), 유의자(동), 반대 또는 상대자(반), 약자(약)를 밝혀 시험 대비를 하는데 도움을 주도록 하였다. 6급Ⅱ 이상의 급수에 해당하는 한자들도 수록하여 참고가 되도록 하였다.

7 한자능력검정시험의 **읽기** 배정한자와 **쓰기** 배정한자가 다른 점을 감안하여 이를 구별하여 수험자들이 시험 대비에 효과를 극대화 할 수 있게 했다.

> 📖 **읽기한자**
>
> 區間(구간) : 일정한 지점의 사이 　　近間(근간) : 요사이
> 晝間(주간) : 낮 동안 　　　　　　　行間(행간) : 줄과 줄 사이
>
> ✏️ **쓰기한자**
>
> 間紙(간지) : 접어서 맨 책의 종이가 얇아 힘이 없을 때, 그 접은 각 장의 속에 넣어 받치는 종이, 속장
> 空間(공간) : 무한하게 퍼져 있는 빈 곳, 쓰지 않는 빈 칸
> 世間(세간) : 세상
> 時間(시간) : 어느 때로부터 어느 때까지의 사이

8 **필순**을 밝혀, 필순을 보면서 한자를 필순에 맞게 써 봄으로써 올바른 한자를 쓸 수 있도록 하였다.

> ✍️ **필순** 丨 冂 冂 冂 冂 門 門 門 門 閅 閒 間

9 **활용문**은 국어 교과서에서 문장을 뽑아 단어들의 쓰임을 문장에서 익히도록 하였다.

> **활용문**
>
> 우리는 자리를 좁혀 한 사람 더 앉을 空間(공간)을 만들었다.

10 9개의 한자학습이 끝나면 **확인학습란**을 두어 그 배정한자를 제대로 익혔는지를 확인하게 하여 실전에 대비할 수 있도록 하였다.

11 부록에는 각 급수에 해당하는 **사자성어, 반대자(상대자)**를 모아 집중적으로 공부할 수 있도록 하였다. 각 유형별 한자마다 급수를 표시하여 실질적인 급수시험에 충분히 대비할 수 있도록 하였다.

12 **기출문제** 6회분과, 실제 한자능력검정시험의 기출문제와 같은 유형의 **실전문제**를 2회분 두어 지금까지 학습한 내용을 점검하고 실전에 대비하게 하였다. **부록Ⅱ**

漢字能力檢定試驗

한자능력검정시험 응시 요강

 전국한자능력검정시험 급수별 배정한자 수 및 수준

급수	읽기	쓰기	수준 및 특성
특급	5,978	3,500	국한혼용 고전을 불편 없이 읽고, 연구할 수 있는 수준 고급
특급Ⅱ	4,918	2,355	국한혼용 고전을 불편 없이 읽고, 연구할 수 있는 수준 중급
1급	3,500	2,005	국한혼용 고전을 불편 없이 읽고, 연구할 수 있는 수준 초급
2급	2,355	1,817	상용한자의 활용은 물론 인명지명용 기초한자 활용 단계
3급	1,817	1,000	고급 상용한자 활용의 중급 단계
3급Ⅱ	1,500	750	고급 상용한자 활용의 초급 단계
4급	1,000	500	중급 상용한자 활용의 고급 단계
4급Ⅱ	750	400	중급 상용한자 활용의 중급 단계
5급	500	300	중급 상용한자 활용의 초급 단계
5급Ⅱ	400	225	중급 상용한자 활용의 초급 단계
6급	300	150	기초 상용한자 활용의 고급 단계
6급Ⅱ	225	50	기초 상용한자 활용의 중급 단계
7급	150	–	기초 상용한자 활용의 초급 단계
7급Ⅱ	100	–	기초 상용한자 활용의 초급 단계
8급	50	–	한자 학습 동기 부여를 위한 급수

▶▶ 초등학생은 4급, 중·고등학생은 3급, 대학생은 1급, 전공자는 특급 취득에 목표를 두고 학습하길 권해 드립니다.

한자능력검정시험 급수별 출제유형

구분	특급	특급II	1급	2급	3급	3급II	4급	4급II	5급	5급II	6급	6급II	7급	7급II	8급
읽기 배정 한자	5,978	4,918	3,500	2,355	1,817	1,500	1,000	750	500	400	300	225	150	100	50
쓰기 배정 한자	3,500	2,355	2,005	1,817	1,000	750	500	400	300	225	150	50	0	0	0
독음	45	45	50	45	45	45	32	35	35	35	33	32	32	22	24
훈음	27	27	32	27	27	27	22	22	23	23	22	29	30	30	24
장단음	10	10	10	5	5	5	3	0	0	0	0	0	0	0	0
반의어	10	10	10	10	10	10	3	3	3	3	3	2	2	2	0
완성형	10	10	15	10	10	10	5	5	4	4	3	2	2	2	0
부수	10	10	10	5	5	5	3	3	0	0	0	0	0	0	0
동의어	10	10	10	5	5	5	3	3	3	3	2	0	0	0	0
동음이의어	10	10	10	5	5	5	3	3	3	3	2	0	0	0	0
뜻풀이	5	5	10	5	5	5	3	3	3	3	2	2	2	2	0
필순	0	0	0	0	0	0	0	0	3	3	3	3	2	2	2
약자 · 속자	3	3	3	3	3	3	3	3	3	3	0	0	0	0	0
한자 쓰기	40	40	40	30	30	30	20	20	20	20	20	10	0	0	0
한문	20	20	0	0	0	0	0	0	0	0	0	0	0	0	0

▶▶ 상위급수 한자는 모두 하위급수 한자를 포함하고 있습니다.
▶▶ 쓰기 배정 한자는 한두 급수 아래의 읽기 배정한자이거나 그 범위 내에 있습니다.
▶▶ 출제유형표는 기본지침자료로서, 출제자의 의도에 따라 차이가 있을 수 있습니다.
▶▶ 공인급수는 교육과학기술부로부터 국가공인자격 승인을 받은 특급 · 특급II · 1급 · 2급 · 3급 · 3급II이며, 교육급수는 한국
한자능력검정회에서 시행하는 민간자격인 4급 · 4급II · 5급 · 5급II · 6급 · 6급II · 7급 · 7급II · 8급입니다.
▶▶ 5급II · 7급II는 신설 급수로 2010년 11월 13일 시험부터 시행되었습니다.
▶▶ 6급II 읽기 배정한자는 2010년 11월 13일 시험부터 300자에서 225자로 조정됩니다.

한자능력검정시험 합격기준

구분	특급	특급II	1급	2급	3급	3급II	4급	4급II	5급	5급II	6급	6급II	7급	7급II	8급
출제문항수	200	200	200	150	150	150	100	100	100	100	90	80	70	60	50
	(100)	(100)	(100)	(100)	(100)	(100)	(100)	(100)	(100)	(100)	(100)	(100)	(100)	(100)	(100)
합격문항수	160	160	160	105	105	105	70	70	70	70	63	56	49	42	35
	(80)	(80)	(80)	(70)	(70)	(70)	(70)	(70)	(70)	(70)	(70)	(70)	(70)	(70)	(70)

▶▶ (   )는 100점 만점으로 환산한 점수입니다.
▶▶ 특급 · 특급II · 1급은 출제 문항수의 80% 이상, 2급 ~ 8급은 70%이상 득점하면 합격입니다.

한자능력검정시험 합격자 우대사항

■ 본 우대사항은 변경이 있을 수 있습니다. 최신 정보는 한국한자능력검정회 홈페이지를 참고하시기 바랍니다.
■ 자격기본법 제27조에 의거 국가자격 취득자와 동등한 대우 및 혜택
■ 대학 수시모집 및 특기자 전형 지원. 대입 면접시 가산점(해당 학교 및 학과)
■ 고려대, 성균관대, 충남대 등 수많은 대학에서 대학의 정한 바에 따라 학점, 졸업인증에 반영
■ 유수 고등학교에서 정한 바에 따라 입시에 가산점 등으로 반영
■ 육군 간부 승진 고과에 반영
■ 한국교육개발원 학점은행의 학점에 반영
■ 기업체 입사 및 인사고과에 반영(해당기업에 한함)

1. 대학 수시모집 및 특기자 전형 지원

대학	학과	자격
건양대학교	중국어, 일본어	한자능력검정시험 5급이상
경북과학대학	관광영어과,관광일어과, 관광중국어과	한자능력검정시험 4급이상
경북대학교	사학과, 한문학과	한자, 한문 특기자
경상대학교	한문학과	한자능력검정시험 2급 이상(한국어문회 주관)
경성대학교	한문학과	한자능력검정시험 3급 이상(한국어문회 주최)
고려대학교	어학특기자(한문학과)	한문 특기자
공주대학교	한문교육과	국가공인 한자급수자격시험(3급이상) 취득자
국민대학교	중어중문학과	한자능력시험(한국어문회 주관) 1급 이상
군산대학교	어학특기자	중국어 : 한어수평고사(HSK) 6급 ~ 11급인 자 또는 한자능력검정 1, 2급인 자, 한자능력급수 1, 2급인 자 ※한자능력검정의 경우 한국한자능력검정회, 대한민국한자급수검정회, 대한민국한문교육진흥회, 한국어문회 발행만 인정.
단국대학교 (서울)	한문특기자	한국어문회 주관 한자능력검정시험 3급 이상 취득한 자
대구대학교	문학 및 한자 우수자	한자능력검정시험 3급 이내 합격자

대학	학 과	자격
동서대학교	어학, 한자, 문학, 영상	어학, 한자, 문학, 영상에서 3위 이상 입상자
동아대학교	한문특기자	한자능력검정시험(한국한자능력검정회 주최) 3급 이상 자격증 소지자
동의대학교	어학특기자	한자능력검정시험 1급 이상 또는 HSK 6급이상인자
명지대학교	어학특기자	검정회 및 한국어문회에서 주관하는 한자능력검정시험 2급 이상자
부산대학교	모집단위별 가산점 부여	한국어문회 시행 한자능력검정시험(1급 ~ 3급) 가산점 부여
상명대학교 (서울)	한문특기자	한자능력검정시험(3급 ~ 1급) (한국한자능력검정회 시행)
선문대학교	경시대회입상 전형	(국어〈백일장, 한문, 문학〉, 수학, 과학)
성결대학교	외국어 및 문학 특기자	한자능력검정고시 3급 이상 취득자
성균관대학교	한문 특기자	전국한자능력검정시험(한국어문회) – 2급 이상
연세대학교	문과대학	한문 특기자
영남대학교	어학 특기자	한자능력검정시험(한국한자능력검정회 시행) 2급 이상 자격증 소지자
원광대학교	한문교육과	최근 3년 이내 행정기관, 언론기관, 4년제 대학 등 본교가 인정하는 공신력있는 단체에서 주최한 전국규모의 한문경시대회 개인 입상자
중앙대학교	문과대학 국어국문학과	한자능력검정시험(한국어문회 주관) 3급 이상 합격자
충남대학교	어학특기자	전국한자능력검정시험 3급 이상
한성대학교	한문특기자	전국한자능력검정시험(사단법인 한국어문학회 주최) 1급 이상 취득자
호남대학교	공인 어학능력 인증서 소지자	한문자격시험(한자급수시험)

▶▶ 대입 전형과 관련된 세부사항은 변경될 수 있으므로 해당 학교 홈페이지, 또는 입학담당부서로 문의바랍니다.

2. 대입 면접 가산 · 학점 반영 · 졸업 인증

대학	내 용	비고
건양대학교	국문학부 면접시 가산점 부여	대학입시
성균관대학교	졸업인증 3품 중 국제품의 경우 3급이상 취득시 인증	졸업인증
경산대학교	전교생을 대상으로 3급이상 취득시 인증	졸업인증
서원대학교	국문과를 대상으로 3급이상 취득시 인증	졸업인증
제주한라대학	중국어통역과를 대상으로 3급이상 취득시 인증	졸업인증
신라대학교	인문/자연/사범/예체능계열을 대상으로 4급이상 취득시 인증	졸업인증
경원전문대학	전교생 대상, 취득시 학점반영	학점반영
덕성여자대학교	전교생 대상, 취득시 학점반영	학점반영
한세대학교	전교생 대상, 취득시 학점반영(한문 교양 필수)	학점반영

▶▶ 변경될 수 있으므로 해당학교(학과)의 안내를 참조바랍니다.

3. 기업체 입사 · 승진 · 인사고과 반영

구분	내 용	비고
육군	부사관 5급 이상 / 위관장교 4급 이상 / 영관장교 3급 이상	인사고과
조선일보	기자채용 시 3급 이상 우대	입사

▶▶ 변경될 수 있으므로 해당기관의 안내를 참조바랍니다.

 ## 한자능력검정시험 시험시간

구분	특급	특급II	1급	2급	3급	3급II	4급	4급II	5급	5급II	6급	6급II	7급	7급II	8급
시험시간	100분	90분	60분			50분									

▶▶ 응시 후 시험 시간동안 퇴실 가능 시간의 제한은 없습니다.
▶▶ 시험 시작 20분 전(교육급수 – 10:40 / 공인급수 – 14:40)까지 고사실에 입실하여 주시기 바랍니다.

한자능력검정시험 검정료

구분	특급	특급II	1급	2급	3급	3급II	4급	4급II	5급	5급II	6급	6급II	7급	7급II	8급
검정료	45,000원		25,000원			20,000원									

▶▶ 창구접수 검정료는 원서 접수일부터, 마감시까지 해당 접수처 창구에서 받습니다.

한자능력검정시험 접수방법

◉ 창구접수(모든 급수, 해당 접수처)

응시 급수 선택	검정시험 급수 배정을 참고하여, 응시자에게 알맞는 급수를 선택합니다.
원서 작성 준비물 확인	반명함판사진(3×4cm) 3매/급수증 수령주소/주민번호/이름(한자) 응시료(현금)
원서 작성 · 접수	정해진 양식의 원서를 작성하여 접수창구에 응시료와 함께 제출합니다.
수험표 확인	수험표를 돌려받으신 후 수험번호, 수험일시, 응시 고사장을 확인하세요.

※인터넷 접수 가능 : 접수 방법은 바뀔 수 있으므로 한국어문회 홈페이지(www.hanja.re.kr)를 참고하시기 바랍니다.

 ## 한자능력검정시험 시상기준

급수	문항 수	합격문항	우량상			우수상		
			초등이하	중등	고등	초등이하	중등	고등
특급	200	160	–	–	–	160	160	160
특급Ⅱ	200	160	–	–	–	160	160	160
1급	200	160	–	–	–	160	160	160
2급	150	105	–	105	112	105	112	120
3급	150	105	–	105	112	105	112	120
3급Ⅱ	150	105	112	120	127	120	127	135
4급	100	70	75	80	85	80	85	90
4급Ⅱ	100	70	75	80	85	80	85	90
5급	100	70	85	85	–	90	90	–
5급Ⅱ	100	70	85	85	–	90	90	–
6급	90	63	76	–	–	81	–	–
6급Ⅱ	80	56	68	–	–	72	–	–
7급	70	49	59	–	–	63	–	–
7급Ⅱ	60	42	51	–	–	54	–	–
8급	50	35	42	–	–	45	–	–

▶▶ 시상기준표의 숫자는 "문항 수" 입니다.
▶▶ 대학생과 일반인은 시상대상에 해당되지 않습니다.

公明正大

공명정대

떳떳하고 바름

하는 일이나 행동이 사사로움이 없이

CONTENTS

漢字能力檢定試驗

한자의 기초

육서

한자를 만드는 여섯 가지 원리를 일컬어 육서라고 한다. 육서에는 한자를 만드는 원리를 해설하는 상형, 지사, 회의, 형성과 기존의 한자를 사용하여 문자의 원리를 해설한 전주, 가차의 방법이 있다.

▶ **상형문자**(象形文字 – 그림글자)

한자를 만드는 가장 기본적인 원리로 구체적인 사물의 모양을 본뜬 글자

▶ **지사문자**(指事文字 – 약속글자)

구체적인 모양을 나타낼 수 없는 사상이나 개념을 선이나 점으로 나타내어 글자를 만드는 원리

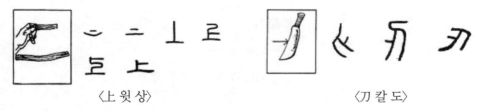

〈上 윗 상〉　　　　　　〈刀 칼 도〉

▶ **회의문자**(會意文字 – 뜻 모음 글자)

두 개 이상의 글자가 뜻으로 결합하여 새로운 글자를 만드는 원리
* 明(밝을 명)=日(날 일)+月(달 월)
* 林(수풀 림)=木(나무 목)+木(나무 목)

▶ **형성문자**(形聲文字 – 합체글자)

뜻을 나타내는 부분과 음을 나타내는 부분을 결합하여 새로운 글자를 만드는 원리

* 問(물을 문)=門(문 문)+口(입 구)
* 記(기록할 기)=言(말씀 언)+己(몸 기)

▶ **전주문자**(轉注文字 – 확대글자)

이미 있는 글자의 뜻을 확대, 유추하여 새로운 뜻을 나타내는 원리

* 惡 본뜻   악할 악   예) 惡行(악행)

    새로운 뜻   미워할 오   예) 憎惡(증오)

▶ **가차문자**(假借文字 – 빌린 글자)

글자의 본래 의미와는 상관없이 소리가 비슷한 글자를 빌려서 나타내는 원리

* 스페인(Spain)=西班牙(서반아)   * 유럽(Europe)=歐羅巴(구라파)

부수의 위치와 명칭

▶ **邊**(변): 글자의 왼쪽에 있는 부수

         * 木 나무목변 : 校(학교 교), 植(심을 식), 樹(나무 수)

         * 氵(水) 물수변 : 江(강 강), 海(바다 해), 洋(큰 바다 양)

▶ **傍**(방): 글자의 오른쪽에 있는 부수

         * 阝(邑) 우부방(고을 읍 방) : 郡(고을 군), 部(떼 부)

         * 刂(刀) 선칼도방(칼 도 방) : 利(이할 리), 別(다를/나눌 별)

▶ **머리** : 글자의 위에 있는 부수

         * 宀 갓머리(집 면) : 室(집 실), 安(편안 안), 字(글자 자)

         * ++(艸) 초두(艸頭) : 萬(일만 만), 草(풀 초), 藥(약 약)

▶ **발** : 글자의 아래에 있는 부수

> * 心 마음 심 발   : 感(느낄 감), 意(뜻 의), 念(생각할 념)
> * 儿 어진사람인발(사람 인) : 先(먼저 선), 兄(형 형), 光(빛 광)

▶ **엄** : 글자의 위와 왼쪽을 싸고 있는 부수

> * 广 엄호(집 엄)   : 度(법도 도/헤아릴 탁), 序(차례 서), 廣(넓을 광)
> * 尸 주검시엄(주검 시) : 局(판 국), 屋(집 옥), 展(펼 전)

▶ **책받침** : 글자의 왼쪽과 밑을 싸고 있는 부수

> * 辶(辵) 갖은책받침(쉬엄쉬엄 갈 착) : 道(길 도), 過(지날 과)
> * 廴   민책받침(길게 걸을 인)   : 建(세울 건)

▶ **몸**(에운담) : 글자를 에워싸고 있는 부수

> * 囗 에운담(큰 입 구) : 國(나라 국), 圖(그림 도), 園(동산 원)
> * 門 문문몸   : 間(사이 간), 開(열 개), 關(관계할 관)

▶ **諸部首**(제부수) : 한 글자가 그대로 부수인 것

> * 車(수레 거/차), 身(몸 신), 立(설 립)

필 순

▶ **위에서 아래로**

例) 言 말씀 언 : `ㆍ 一 二 三 言 言 言 言`

▶ **왼쪽에서 오른쪽으로**

例) 川 내 천 : `丿 丿丨 川`

▶ **가로획을 먼저**

例) 用 쓸 용 : 丿 冂 月 月 用

▶ **가운데를 먼저**

例) 小 작을 소 : 亅 小 小

▶ **몸을 먼저**

例) 同 한 가지 동 : 丨 冂 冂 冋 同 同

▶ **글자를 꿰뚫는 획은 나중에**

例) 中 가운데 중 : 丨 冂 口 中

母 어미 모 : 𠃍 𠃌 母 母 母

▶ **점은 맨 나중에**

例) 代 대신할 대 : 丿 亻 仁 代 代

▶ **삐침(丿)을 파임(丶)보다 먼저**

例) 父 아비 부 : 丿 丷 グ 父

6급 II 배정한자

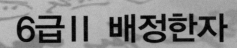

漢字能力檢定試驗

※급수 표기 : 62(6급 II), 70(7급), 72(7급 II), 80(8급)
※획수는 해당 한자에 노출된 부수의 획수를 제외한 나머지 획수입니다.

급수	한자	부수	획수	대표훈음
		ㄱ		
72	家	宀	07	집 가
70	歌	欠	10	노래 가
62	各	口	03	각각 각
62	角	角	00	뿔 각
72	間	門	04	사이 간(:)
72	江	氵(水)	03	강 강
72	車	車	00	수레 거/차
62	界	田	04	지경 계:
62	計	言	02	셀 계:
62	高	高	00	높을 고
62	公	八	02	공평할 공
62	共	八	04	한가지 공:
62	功	力	03	공 공
72	工	工	00	장인 공
72	空	穴	03	빌 공
62	果	木	04	실과 과:
62	科	禾	04	과목 과
62	光	儿	04	빛 광
80	敎	攵(攴)	07	가르칠 교:
80	校	木	06	학교 교:
80	九	乙	01	아홉 구
70	口	口	00	입 구(:)
62	球	王(玉)	07	공 구
80	國	囗	08	나라 국
80	軍	車	02	군사 군
62	今	人	02	이제 금
62	急	心	05	급할 급

급수	한자	부수	획수	대표훈음
70	旗	方	10	기 기
72	氣	气	06	기운 기
72	記	言	03	기록할 기
80	金	金	00	쇠 금/성 김
		ㄴ		
80	南	十	07	남녘 남
72	男	田	02	사내 남
72	內	入	02	안 내:
80	女	女	00	계집 녀
80	年	干	03	해 년
72	農	辰	06	농사 농
		ㄷ		
62	短	矢	07	짧을 단(:)
72	答	竹	06	대답 답
62	堂	土	08	집 당
62	代	亻(人)	03	대신할 대:
80	大	大	00	큰 대(:)
62	對	寸	11	대할 대:
62	圖	囗	11	그림 도
72	道	辶(辵)	09	길 도:
62	讀	言	15	읽을 독/구절 두
70	冬	冫	03	겨울 동(:)
72	動	力	09	움직일 동:
70	同	口	03	한가지 동
80	東	木	04	동녘 동
70	洞	氵(水)	06	골 동:/밝을 통:

급수	한자	부수	획수	대표훈음
62	童	立	07	아이 동(:)
70	登	癶	07	오를 등
62	等	竹	06	무리 등:

ㄹ

급수	한자	부수	획수	대표훈음
62	樂	木	11	즐길 락/노래 악/좋아할 요
70	來	人	06	올 래(:)
72	力	力	00	힘 력
70	老	老	00	늙을 로:
80	六	八	02	여섯 륙
62	利	刂(刀)	05	이할 리:
62	理	王(玉)	07	다스릴 리:
70	里	里	00	마을 리:
70	林	木	04	수풀 림
72	立	立	00	설 립

ㅁ

급수	한자	부수	획수	대표훈음
80	萬	++(艸)	09	일만 만:
72	每	毋	03	매양 매(:)
70	面	面	00	낯 면:
72	名	口	03	이름 명
70	命	口	05	목숨 명:
62	明	日	04	밝을 명
80	母	毋	01	어미 모:
80	木	木	00	나무 목
70	問	口	08	물을 문:
70	文	文	00	글월 문
62	聞	耳	08	들을 문(:)
80	門	門	00	문 문
72	物	牛	04	물건 물
80	民	氏	01	백성 민

ㅂ

급수	한자	부수	획수	대표훈음
62	半	十	03	반 반:
62	反	又	02	돌이킬/돌아올 반:
62	班	王(玉)	06	나눌 반
62	發	癶	07	필 발
62	放	攵(攴)	04	놓을 방(:)
72	方	方	00	모 방
80	白	白	00	흰 백
70	百	白	01	일백 백
70	夫	大	01	지아비 부
80	父	父	00	아비 부
62	部	阝(邑)	08	떼 부
80	北	匕	03	북녘 북/달아날 배
62	分	刀	02	나눌 분(:)
72	不	一	03	아닐 불

ㅅ

급수	한자	부수	획수	대표훈음
72	事	亅	07	일 사:
80	四	口	02	넉 사:
62	社	示	03	모일 사
80	山	山	00	메 산
70	算	竹	08	셈 산:
80	三	一	02	석 삼
72	上	一	02	윗 상:
70	色	色	00	빛 색
80	生	生	00	날 생
62	書	日	06	글 서
80	西	襾	00	서녘 서
70	夕	夕	00	저녁 석
80	先	儿	04	먼저 선
62	線	糸	09	줄 선
62	雪	雨	03	눈 설
72	姓	女	05	성 성:

급수	한자	부수	획수	대표훈음	급수	한자	부수	획수	대표훈음
62	成	戈	03	이룰 성	80	王	王(玉)	00	임금 왕
62	省	目	04	살필 성/덜 생	80	外	夕	02	바깥 외:
72	世	一	04	인간 세:	62	勇	力	07	날랠 용:
80	小	小	00	작을 소:	62	用	用	00	쓸 용:
70	少	小	01	적을 소:	72	右	口	02	오를/오른(쪽) 우:
70	所	戶	04	바 소:	62	運	辶(辵)	09	옮길 운
62	消	氵(水)	07	사라질 소	80	月	月	00	달 월
72	手	手	00	손 수(:)	70	有	月	02	있을 유:
70	數	攵(攴)	11	셈 수:	70	育	月(肉)	04	기를 육
80	水	水	00	물 수	62	音	音	00	소리 음
62	術	行	05	재주 술	62	飮	食	04	마실 음(:)
62	始	女	05	비로소 시:	70	邑	邑	00	고을 읍
72	市	巾	02	저자 시:	62	意	心	09	뜻 의:
72	時	日	06	때 시	80	二	二	00	두 이:
70	植	木	08	심을 식	80	人	人	00	사람 인
72	食	食	00	밥/먹을 식	80	一	一	00	한 일
62	信	亻(人)	07	믿을 신:	80	日	日	00	날 일
62	新	斤	09	새 신	70	入	入	00	들 입
62	神	示	05	귀신 신					
62	身	身	00	몸 신					
80	室	宀	06	집 실			**ㅈ**		
70	心	心	00	마음 심	72	子	子	00	아들 자
80	十	十	00	열 십	70	字	子	03	글자 자
					72	自	自	00	스스로 자
					62	作	亻(人)	05	지을 작
		ㅇ			62	昨	日	05	어제 작
72	安	宀	03	편안 안	72	場	土	09	마당 장
62	弱	弓	07	약할 약	80	長	長	00	긴 장:
62	藥	++(艸)	15	약 약	62	才	扌(手)	00	재주 재
70	語	言	07	말씀 어	72	全	入	04	온전 전
62	業	木	09	업 업	72	前	刂(刀)	07	앞 전
70	然	灬(火)	08	그럴 연	62	戰	戈	12	싸움 전:
80	五	二	02	다섯 오:	72	電	雨	05	번개 전:
72	午	十	02	낮 오:	62	庭	广	07	뜰 정

급수	한자	부수	획수	대표훈음
72	正	止	01	바를 정(:)
80	弟	弓	04	아우 제:
62	第	竹	05	차례 제:
62	題	頁	09	제목 제
70	祖	示	05	할아비 조
72	足	足	00	발 족
72	左	工	02	왼 좌:
70	主	丶	04	주인/임금 주
70	住	亻(人)	05	살 주:
62	注	氵(水)	05	부을 주:
80	中	丨	03	가운데 중
70	重	里	02	무거울 중:
70	地	土	03	따 지
70	紙	糸	04	종이 지
72	直	目	03	곧을 직
62	集	隹	04	모을 집

ㅊ

급수	한자	부수	획수	대표훈음
62	窓	穴	06	창 창
70	千	十	01	일천 천
70	天	大	01	하늘 천
70	川	川(巛)	00	내 천
62	淸	氵(水)	08	맑을 청
80	靑	靑	00	푸를 청
62	體	骨	13	몸 체
70	草	++(艸)	06	풀 초
80	寸	寸	00	마디 촌:
70	村	木	03	마을 촌:
70	秋	禾	04	가을 추
70	春	日	05	봄 춘
70	出	凵	03	날 출
80	七	一	01	일곱 칠

ㅌ

급수	한자	부수	획수	대표훈음
80	土	土	00	흙 토

ㅍ

급수	한자	부수	획수	대표훈음
80	八	八	00	여덟 팔
70	便	亻(人)	07	편할 편(:)/똥오줌 변
72	平	干	02	평평할 평
62	表	衣	03	겉 표
62	風	風	00	바람 풍

ㅎ

급수	한자	부수	획수	대표훈음
72	下	一	02	아래 하:
70	夏	夊	07	여름 하:
80	學	子	13	배울 학
72	漢	氵(水)	11	한수/한나라 한:
80	韓	韋	08	한국/나라 한(:)
72	海	氵(水)	07	바다 해:
62	幸	干	05	다행 행:
62	現	王(玉)	07	나타날 현:
80	兄	儿	03	형 형
62	形	彡	04	모양 형
62	和	口	05	화할 화
80	火	火	00	불 화(:)
70	花	++(艸)	04	꽃 화
72	話	言	06	말씀 화
72	活	氵(水)	06	살 활
62	會	日	09	모일 회:
72	孝	子	04	효도 효:
72	後	彳	06	뒤 후:
70	休	亻(人)	04	쉴 휴

漢字

(사) 한국어문회 주관 / 한국한자능력검정회 시행

본 문 학 습

家

7급 II

집 **가**

宀 | 7획

옛날 돼지는 그 집의 큰 재산이기에 그만큼 돼지(豕)는 집(宀)에 딸린 가축이었다는 것에서 집(家)을 의미한다.

(동) 室(집 실)
　 堂(집 당)

읽기한자

家計(가계) : 한 집안 살림살이에 있어서의 수입과 지출
家業(가업) : 집안의 직업
家庭(가정) : 한 가족이 살림하고 있는 집안
家口(가구) : 집안 식구　　家世(가세) : 집안의 품위와 계통
家門(가문) : 집안과 문중　家內(가내) : 한 집안이나 가까운 일가
家力(가력) : 살림살이를 해 나가는 재력
家室(가실) : 한 집안이나 안방. 한 집안 사람 혹은 가족
家長(가장) : 집안의 어른이나 호주, 가구주, 남편

활용문

아버지가 돌아가셨으니 장남인 네가 家長(가장)이다.

필순 ` ´ 宀 宀 宁 宇 宇 宇 家 家 家

家							
집 가							

歌

7급

노래 **가**

欠 | 10획

입을 크게 벌려서(欠) 유창하게 소리를 뽑아 올리는 것(哥)에서 노래하다(歌)는 의미이다.

(동) 樂(노래 악)

읽기한자

歌手(가수) : 노래를 잘 불러 그것을 업으로 삼는 사람, 유행 가수
歌人(가인) : 노래를 짓거나 부르는 사람 歌女
軍歌(군가) : 군대의 사기를 북돋우기 위하여 부르는 노래
校歌(교가) : 학교의 노래
長歌(장가) : 곡조가 긴 노래
歌題(가제) : 노래의 제목

활용문

군인들이 우렁차게 軍歌(군가)를 부르는 모습은 언제나 씩씩해 보입니다.

필순 一 宀 宀 可 可 可 可 哥 哥 哥 歌 歌 歌

歌							
노래 가							

角

뿔 각

6급 II

角 | 0획

동물의 뿔과 뾰족한 것의 모서리를 나타낸다.

回 用(쓸 용)

읽기 한자

四角(사각) : 네 각
三角山(삼각산) : 서울 북한산의 다른 이름
等角(등각) : 크기가 서로 같은 각

활용문

고양이가 이번에는 三角(삼각)자를 입에 물고 들어옵니다.

필순 ' ' ' ' ' ' ' 戶 角 角 角

角							
뿔 각							

各

각각 각

6급 II

口 | 3획

걸어서(夂) 되돌아와 말(口)하는 사람들이 따로따로 말하는 것에서 각각(各)이라는 의미이다.

回 客(손 객)
　名(이름 명)
반 合(합할 합)
　同(한가지 동)
　共(한가지 공)

읽기 한자

各各(각각) : 제각기. 따로따로
各界(각계) : 사회의 각 방면
各自(각자) : 각각의 자신

활용문

이 일이 있은 뒤 世界(세계) 各國(각국)은 앞을 다투어 조명과 난방에 電氣(전기)를 利用(이용)하기 始作(시작)했다.

필순 ' ' ' ' ' ' 各 各

各							
각각 각							

間

7급 II

사이 **간(:)**

門 | 4획

닫혀있는 문(門) 사이에 해(日)가 비추어오는 형태에서 사이, 틈(間)을 의미한다.

비 間(물을 문)
門(문 문)
聞(들을 문)
開(열 개)

읽기한자

反間(반간) : 사이를 헐 뜯어 서로 멀어지게 함
間紙(간지) : 접어서 맨 책의 종이가 얇아 힘이 없을 때, 그 접은 각 장의 속에 넣어 받치는 종이, 속장
空間(공간) : 무한하게 퍼져 있는 빈 곳, 쓰지 않는 빈 칸
世間(세간) : 세상
時間(시간) : 어느 때로부터 어느 때까지의 사이

활용문

우리는 자리를 좁혀 한 사람 더 앉을 空間(공간)을 만들었다.

필순 ｜ ｢ ｢ ｢ ｢ ｢¹ ｢³ 門 門 門 間 間 間

間							
사이 간							

江

7급 II

강 **강**

氵(水) | 3획

물(水)이 오랜 세월 흐르면서 만든(工) 것이 강(江)이란 의미이다.

비 工(장인 공)
반 山(메 산)

읽기한자

江風(강풍) : 강바람
江南(강남) : 강의 남쪽. 중국 양쯔강 이남의 땅. 서울에서는 한강 이남 지역을 이름 ↔ 江北
江山(강산) : 강과 산. 이 나라의 강토. 금수~
江心(강심) : 강의 한복판, 강물의 중심
江月(강월) : 강물에 비친 달
江村(강촌) : 강가의 마을
江海(강해) : 강과 바다
漢江(한강) : 서울 중심을 흐르는 강

활용문

아름다운 江山(강산)을 보호하는 것은 국민들의 의무입니다.

필순 ﹅ ﹅ 氵 汀 江 江

江							
강 강							

확·인·학·습 01

1. 다음 한자어(漢字語)의 독음을 쓰세요.

   (1) 家口 (   )　　(2) 校歌 (   )
   (3) 四角 (   )　　(4) 江風 (   )
   (5) 各自 (   )　　(6) 世間 (   )

2. 다음 한자(漢字)의 훈(訓)과 음(音)을 쓰세요.

   (1) 角 (   )　　(2) 歌 (   )
   (3) 各 (   )　　(4) 家 (   )
   (5) 間 (   )　　(6) 江 (   )

3. 다음(   )에 들어갈 한자(漢字)를 예(例)에서 찾아 그 번호를 쓰세요.

예(例)	① 家	② 歌	③ 角
	④ 各	⑤ 間	⑥ 江

   (1) (   )庭教育
   (2) 登校時(   )
   (3) (   )自圖生
   (4) 愛國(   )

📝 다음 한자를 필순에 맞게 여러 번 써 보세요.

   家　　歌　　各　　角　　間　　江

정답

1. (1) 가구　　(2) 교가　　(3) 사각　　(4) 강풍　　(5) 각자　　(6) 세간
2. (1) 뿔 각　(2) 노래 가　(3) 각각 각　(4) 집 가　(5) 사이 간　(6) 강 강
3. (1) ①　　(2) ⑤　　(3) ④　　(4) ②

車

7급 II
수레 거/차
車 | 0획

수레의 모양을 본떴다.

비 事(일 사)
　事(군사 군)

車線(차선) : 자동차 도로에 주행방향을 따라 일정간격으로 그어 놓은 선
車窓(차창) : 기차, 전차, 자동차 따위의 창문
車間(차간) : 차와 차 사이
車道(차도) : 찻길
自動車(자동차) : 저 혼자 힘으로 가는 차
電車(전차) : 전기의 힘으로 가는 차
車便(차편) : 차가 내왕하는 편. 차의 이용
人力車(인력거) : 사람이 끄는 수레

활용문
그 집은 車便(차편)으로 불과 10분 거리이다.

 필순 一 ㄷ ㅁ 百 百 亘 車

車							
수레 거/차							

界

6급 II
지경 계:
田 | 4획

논밭(田)을 구획해서(介) 경계를
만든다는 것에서 경계(界)를 의
미한다.

동 境(지경 경)

各界(각계) : 사회의 각 방면
世界(세계) : 온 세상
外界(외계) : 바깥 세계

활용문
책은 날마다 변하는 世界(세계)의 움직임이나 새로운 지식을 전해 줍니다.

 필순 ᐟ ㅁ ㅁ 田 田 尹 尹 界 界

界							
지경 계							

計

6급Ⅱ

셀 　계:

言 | 2획

열(十)을 한 단계로 크게 소리쳐 (言) 가며 헤아린다, 셈한다(計)는 의미이다.

[통] 算(셈 산)
　　數(셈 수)

📖 읽기한자

計算(계산) : 셈을 헤아림
集計(집계) : 모아서 합계함
會計(회계) : 한데 몰아서 셈함
計算書(계산서) : 물건 값의 청구서

활용문

중앙에 여닫이 큰 窓門(창문)이 있고, 벽에는 뻐꾹時計(시계)와 달력이 걸려 있습니다.

필순 `丶 一 二 三 亖 言 言 言 計`

計									
셀 계									

高

6급Ⅱ

높을 　고

高 | 0획

망루는 적이 공격해 오는 것을 잘 알 수 있도록 높이 세운 건물로 높다(高)는 의미이다.

[통] 崇(높을 숭)
[반] 低(낮을 저)
　　下(아래 하)

📖 읽기한자

高空(고공) : 높은 하늘
高手(고수) : 기예가 뛰어남 또 그 사람
高祖(고조) : 할아버지의 할아버지
高金利(고금리) : 높은 금리

활용문

서점은 책을 사러온 어린이 · 中學生(중학생) · 高等學生(고등학생) · 大學生(대학생)으로 가득 찼습니다.

필순 `丶 一 二 古 古 古 高 高 高 高`

高									
높을 고									

工 장인 공

7급Ⅱ

工 | 0획

작업을 할 때에 사용하는 잣대
(工)에서 물건을 만든다(工)는
의미가 되었다.

비 江(강 강)
　 功(공 공)

읽기한자

工高(공고) : 공업 고등 학교
工業(공업) : 물건을 제조하는 생산업
工大(공대) : 공과 대학. 공학에 관한 전문적인 학문을 연구하는 단
　　　　　　 과 대학
工夫(공부) : 학문을 배우고 익힘
工場主(공장주) : 공장의 소유자. 공장의 주인
人工(인공) : 자연적이 아닌 사람이 만든 것

활용문

그 아파트는 지금 한창 工事(공사)가 진행되고 있다.

필순 一 丁 工

工							
장인 공							

空 빌 공

7급Ⅱ

穴 | 3획

머리(工) 위에 덮어씌운 천정
(穴)은 하늘과 같다고 하는 것에
서 텅빈(空) 것을 의미한다.

반 滿(찰 만)

읽기한자

空理(공리) : 헛된 이론
空間(공간) : 빈자리, 빈틈
空手(공수) : 빈손. 맨손
空氣(공기) : 지구를 둘러싸고 있는 무색, 투명, 무취의 기체
空中(공중) : 하늘, 하늘과 땅 사이의 빈 곳 = 天空
空白(공백) : 종이나 책에서 글씨나 그림이 없는 곳. 아무 것도
　　　　　　 없이 비어 있는 것

활용문

서울은 空氣(공기)오염이 심각합니다.

필순 丶 丶 宀 穴 穴 空 空 空

空							
빌 공							

확·인·학·습 02

1. 다음 한자어(漢字語)의 독음을 쓰세요.

(1) 計算 (   ) (2) 工夫 (   )
(3) 高音 (   ) (4) 外界 (   )
(5) 空間 (   ) (6) 車窓 (   )

2. 다음 한자(漢字)의 훈(訓)과 음(音)을 쓰세요.

(1) 高 (   ) (2) 空 (   )
(3) 工 (   ) (4) 車 (   )
(5) 界 (   ) (6) 計 (   )

3. 다음(   )에 들어갈 한자(漢字)를 예(例)에서 찾아 그 번호를 쓰세요.

예(例)	① 車	② 工	③ 高
	④ 空	⑤ 計	⑥ 界

(1) (   )間運動
(2) 土木(   )事
(3) (   )等學校
(4) (   )算書

📝 **다음 한자를 필순에 맞게 여러 번 써 보세요.**

車　界　計　高　工　空

정답
1. (1) 계산 (2) 공부 (3) 고음 (4) 외계 (5) 공간 (6) 차창
2. (1) 높을 고 (2) 빌 공 (3) 장인 공 (4) 수레 거(차) (5) 지경 계 (6) 셀 계
3. (1) ④ (2) ② (3) ③ (4) ⑤

公

6급 II

공평할 공

八 | 2획

사사로운(厶) 일을 떨쳐버리니
(八) 공평하다(公)는 의미이다.

[반] 私(사사 사)

읽기한자

公共(공공) : 공중(公衆). 일반 사회
公金(공금) : 공공단체의 소유로 있는 돈
公表(공표) : 여러 사람에게 알림

활용문

또는 책 속의 主人公(주인공)과 對話(대화)를 나누며 마음껏 상상의 날개를
펴 보기도 합니다.

필순 ノ 八 公 公

公							
공평할 공							

功

6급 II

공 공

力 | 3획

힘(力)을 다하고 궁리(工)를 다
해 이루어진 결과에 대한 공(功)
이 있다는 의미이다.

[비] 攻(칠 공)
　　 巧(공교할 교)
　　 切(끊을 절)
[반] 過(지날 과)

읽기한자

成功(성공) : 뜻을 이룸
戰功(전공) : 싸움에서의 공로
功名心(공명심) : 공적과 명예를 구하는 마음

활용문

그 일은 모두 成功(성공)이었다.

필순 一 T I 工 巧 功

功							
공 공							

34

한자능력검정시험 6급 II

共

6급 II

한가지 공:

八 | 4획

많은 사람(甘)들이 힘을 합쳐서 (艹) 일하는 것에서 더불어, 같이(共)라는 의미이다.

동 同(한가지 동)
반 各(각각 각)

읽기한자

共用(공용) : 공동으로 사용함
共有(공유) : 공동으로 소유함
共同(공동) : 여럿이 같이 함
公共(공공) : 사회의 구성원이 공동 이익을 위하여 힘을 같이함
共和國(공화국) : 공화 정치를 행하는 나라

활용문

에디슨이 살던 그 무렵의 거리와 公共(공공)건물은 희미하고 껌벅거리는 가스등으로 밝혔다.

필순 一 十 卄 艹 井 共 共

共							
한가지 공							

科

6급 II

과목 과

禾 | 4획

됫박(斗)으로 곡물(禾)을 달아 검사해서 종류를 나누는 것에서 구별, 과목(科)을 의미한다.

비 料(헤아릴 료)

읽기한자

學科(학과) : 학술의 분과
科學(과학) : 넓은 뜻으로 철학을 제외한 모든 학문
教科書(교과서) : 학교의 교과용으로 편찬된 도서

활용문

3學年(학년)이 되면서 아버지께 全科(전과)를 사달라고 졸랐더니 國語(국어) 사전을 사다 주셨다.

필순 丿 二 千 千 禾 禾 禾 科 科

科							
과목 과							

果

6급Ⅱ

실과 **과:**

木 | 4획

나무(木)에 달린 과일(田)의 모양을 본떴다.

비 東(동녘 동)
동 實(열매 실)
반 因(인할 인)

읽기한자

果木(과목) : 과일이 열리는 나무
果然(과연) : 진실로 그러함
果勇(과용) : 과단성이 있고 용감함
果物(과물) : 먹을 수 있는 나무의 열매

활용문

'스며들다'에서 한 장 한 장 앞쪽으로 넘겨 가다 보니 果然(과연) '버들개지'가 나왔다.

필순 ㅣ 冂 曰 日 므 旦 果 果 果

果								
실과 과								

光

6급Ⅱ

빛 **광**

儿 | 4획

불빛(火)이 멀리까지 출렁이며 (兀) 전해지는 것에서 빛, 광채(光)를 의미한다.

동 色(빛 색)

읽기한자

光明(광명) : 밝고 환함
光線(광선) : 빛이 내쏘는 빛줄기
發光(발광) : 광채를 냄

활용문

光明(광명)한 세상을 만듭시다.

필순 ㅣ ㅏ 丨 业 业 乴 光

光								
빛 광								

1. 다음 한자어(漢字語)의 독음을 쓰세요.

   (1) 成功 (   )   (2) 果木 (   )
   (3) 科學 (   )   (4) 公表 (   )
   (5) 光明 (   )   (6) 共有 (   )

2. 다음 한자(漢字)의 훈(訓)과 음(音)을 쓰세요.

   (1) 公 (   )   (2) 共 (   )
   (3) 光 (   )   (4) 功 (   )
   (5) 科 (   )   (6) 果 (   )

3. 다음(   )에 들어갈 한자(漢字)를 예(例)에서 찾아 그 번호를 쓰세요.

예(例)	① 公	② 光	③ 科
	④ 功	⑤ 共	⑥ 果

   (1) (   )同生活
   (2) (   )明正大
   (3) 人文(   )學
   (4) 自然(   )線

✏️ 다음 한자를 필순에 맞게 여러 번 써 보세요.

   公   共   功   果   科   光

정답

1. (1) 성공   (2) 과목   (3) 과학   (4) 공표   (5) 광명   (6) 공유
2. (1) 공평할 공 (2) 한가지 공 (3) 빛 광   (4) 공 공   (5) 과목 과   (6) 실과 과
3. (1) ⑤   (2) ①   (3) ③   (4) ②

校

학교 교:

8급

木 | 6획

나무(木)를 엇갈리게(交) 해서 만든 도구를 의미하는 것으로 공부하는 학교(校)를 의미한다.

비 交(사귈 교)

읽기한자

校庭(교정) : 학교의 마당
分校(분교) : 본교 이외의 지역에 따로 분설한 학교
校花(교화) : 학교의 상징으로 삼는 꽃
校歌(교가) : 학교를 상징하는 노래
校紙(교지) : 학교 내에서 학생들이 교사의 지도를 받아 편집 · 인쇄 · 배포하는 신문

쓰기한자

學校(학교) : 학생에게 교육을 실시하는 기관
校外(교외) : 학교의 밖
母校(모교) : 자기가 다니거나 다닌 학교

활용문

초등학생들의 校外(교외)활동 지도는 매우 중요합니다.

필순 一 十 才 木 木 朷 柼 栌 栌 校 校

校							
학교 교							

教

가르칠 교:

8급

攵(攴) | 7획

어른(老)과 아이(子)가 뒤섞여, 어른이 채찍(攵)으로 어린이를 엄격하게 가르치다(敎)는 의미이다.

비 孝(효도 효)
동 訓(가르칠 훈)
반 學(배울 학)

읽기한자

敎科書(교과서) : 학교의 교과용으로 편찬한 도서
敎理(교리) : 종교상의 이치
敎會(교회) : 종교단체의 신도의 모임

쓰기한자

敎室(교실) : 학습 활동이 이루어지는 방
敎人(교인) : 종교를 가지고 있는 사람
敎生(교생) : '교육 실습생'을 줄여 이르는 말

활용문

敎生(교생)은 교육실습생의 준말입니다.

필순 ノ メ 乂 チ 耂 夬 孝 孝 孝 敎 敎

敎							
가르칠 교							

九

8급

아홉 **구**

乙 | 1획

1에서 9까지의 숫자 중에서 맨 마지막 숫자로 수가 많은 것을 의미한다.

비 久(오랠 구)
　力(힘 력)

📖 읽기 한자

九地(구지) : 땅의 가장 낮은 곳
九天(구천) : 가장 높은 하늘
九萬里(구만리) : 아득하게 먼 거리를 비유적으로 이르는 말

✏️ 쓰기 한자

九月(구월) : 열두 달 가운데 아홉 번째 달
十中八九(십중팔구) : 거의 틀림없음

활용문

초등학교 이전에 九九(구구)단을 외는 아이들도 많이 있습니다.

필순　丿 九

九								
아홉 구								

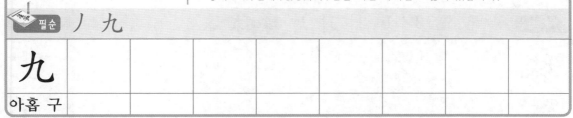

口

7급

입 **구(:)**

口 | 0획

입의 모양을 본떴다.

📖 읽기 한자

口才(구재) : 말 재주
窓口(창구) : 창을 뚫어 놓은 곳
口語(구어) : 보통 대화에 쓰는 말
口答(구답) : 말로 대답함
出口(출구) : 어떤 곳으로 나가는 문턱
入口(입구) : 들어가는 통로

활용문

어두워서 출구(出口)를 찾을 수가 없었습니다.

필순　丨 冂 口

口								
입 구								

球 공 구
6급 II

王(玉) | 7획

털(求)을 둥글게 해서 만든 구슬
(玉)로 구슬, 둥근형의 물건, 공
(球)을 의미한다.

비 求(구할 구)
救(구원할 구)

읽기 한자
球場(구장) : 구기를 하는 운동장, 야구장
地球(지구) : 우리 인류가 살고 있는 천체
球形(구형) : 공같이 둥근 모양

활용문

전기문 '토머스 에디슨'에는 '電球(전구)·電氣(전기)·電線(전선)·發電所
(발전소)'등 '電(전)'자가 들어가는 말이 여러 개가 나온다.

필순 ー ニ テ F 王 王- 玎 玎 玎 球 球 球

球								
공 구								

國 나라 국
8급

口 | 8획

영토(口), 국방(戈), 국민(口), 주권
(一)으로서 나라(國)를 의미한다.

비 圖(그림 도)
圓(둥글 원)
園(동산 원)
약 国

읽기 한자
國樂(국악) : 자기 나라 고유의 음악
國文(국문) : 나라 고유의 글자
國力(국력) : 한 나라가 지닌 정치, 경제, 문화, 군사 따위의 모든 방
　　　　　　면에서의 힘
國事(국사) : 나라에 관한 일 또는 나라의 정치에 관한 일

쓰기 한자
國民(국민) : 국가를 구성하는 사람. 또는 그 나라의 국적을 가진 사람
國軍(국군) : 나라의 군대
母國(모국) : 자기가 태어난 나라

활용문

명성황후는 國母(국모)의 대표적 인물이다.

필순 丨 冂 冂 冃 同 同 同 同 或 國 國 國

國								
나라 국								

1. 다음 한자어(漢字語)의 독음을 쓰세요.

    (1) 國樂 (   ) (2) 九天 (   ) (3) 校長 (   )
    (4) 地球 (   ) (5) 入口 (   ) (6) 敎會 (   )

2. 다음 한자(漢字)의 훈(訓)과 음(音)을 쓰세요.

    (1) 九 (   )   (2) 國 (   )   (3) 敎 (   )
    (4) 校 (   )   (5) 口 (   )   (6) 球 (   )

3. 다음 훈(訓)과 음(音)에 맞는 한자(漢字)를 쓰세요.

    (1) 학교 교 (   )   (2) 가르칠 교 (   )
    (3) 아홉 구 (   )

4. 다음 (   )에 들어갈 한자(漢字)를 예(例)에서 찾아 그 번호를 쓰세요.

예(例)	① 校	② 交	③ 口
	④ 球	⑤ 九	⑥ 敎

    (1) 十中八(   )   (2) 地(   )科學
    (3) 學(   )生活   (4) 人(   )問題

✏️ 다음 한자를 필순에 맞게 여러 번 써 보세요.

    敎   校   球   口   九   國

정답

1. (1) 국악   (2) 구천   (3) 교장   (4) 지구   (5) 입구   (6) 교회
2. (1) 아홉 구 (2) 나라 국 (3) 가르칠 교 (4) 학교 교 (5) 입 구   (6) 공 구
3. (1) 校   (2) 敎   (3) 九
4. (1) ⑤   (2) ④   (3) ①   (4) ③

軍

군사 군

車 | 2획

8급

전차(車)를 빙 둘러싸고(冖) 있는 형태에서 군대, 전쟁(軍)을 의미한다.

비 車(수레 거/차)
　運(옮길 운)
동 兵(병사 병)

읽기 한자

空軍(공군) : 하늘을 지키는 군대
海軍(해군) : 바다를 지키는 군대
軍車(군차) : 군용차

쓰기 한자

水軍(수군) : 조선 시대에 바다에서 국방과 치안을 맡아보던 군대
女軍(여군) : 현역에 복무하고 있는 여자 군인 또는 여자 군인으로 조직된 군대

활용문

軍民(군민)이 함께 재해구조에 나섰다.

필순 ' 冖 冖 冖 冒 冒 冒 軍 軍

軍						
군사 군						

金

쇠 금
성 김

金 | 0획

8급

산에 보석이 있는 모양에서 금, 금전(金)을 의미한다.

비 今(이제 금)
　針(바늘 침)
동 鐵(쇠 철)

읽기 한자

公金(공금) : 공공단체의 소유로 되어 있는 돈
現金(현금) : 현재 가지고 있는 돈
入出金(입출금) : 들어오는 돈과 나가는 돈을 아울러 이르는 말

쓰기 한자

先金(선금) : 일부를 먼저 치르는 돈
萬金(만금) : 아주 많은 돈

활용문

어머니께서는 아파트를 사기위해 先金(선금)을 지불하셨다.

필순 ノ 人 스 스 슈 全 金 金

金						
쇠 금						

今 이제 금

6급Ⅱ

人 | 2획

사람(人)이 예부터 지금까지 계속해서 모여 있다(ㅋ)는 것에서 지금(今)을 의미한다.

비 吟(읊을 음)
　含(머금을 함)
　令(하여금 령)
반 古(예 고)

읽기한자

方今(방금) : 바로 이제, 금방
昨今(작금) : 어제와 오늘
今年(금년) : 올 해

활용문

을지문덕 장군은 그 장수의 얼굴에서 우중문의 속셈을 今方(금방) 알아 낼 수 있었습니다.

필순 ノ 人 스 今

今							
이제 금							

急 급할 급

6급Ⅱ

心 | 5획

앞 사람(人)을 붙잡는(ㅋ) 듯한 기분(心)으로 성급해 하는 모습에서 서두르다(急)는 의미이다.

비 怒(노할 노)
동 速(빠를 속)

읽기한자

急電(급전) : 빠른 전보
急事(급사) : 급한 일
急所(급소) : 몸의 중요한 부분

활용문

적의 진지를 거의 다 벗어났을 때, 적군 장수 하나가 急(급)하게 달려와 장군의 길을 막아 섰습니다.

필순 ノ ノ ケ 气 气 负 急 急 急

急							
급할 급							

氣

7급 II

기운 **기**

气 | 6획

내뿜은 숨(气)처럼 막 지은 밥(米)에서 솟아오르는 증기(氣)를 의미한다.

㉑ 汽(물 끓는 김 기)
㉠ 気

읽기 한자

氣分(기분) : 마음에 저절로 느껴지는 상태
氣運(기운) : 시세의 돌아가는 형편
氣體(기체) : 일정한 형상과 체적이 없는 물질
心氣(심기) : 사물에 대하여 느끼는 마음
空氣(공기) : 지구를 둘러싼 기체
氣色(기색) : 얼굴에 나타나는 감정의 변화

활용문

저녁 空氣(공기)가 매우 쌀쌀하다.

필순 ㇐ ㇏ ㇏ ㇡ 气 气 气 氖 氣 氣 氣

氣							
기운 기							

記

7급 II

기록할 **기**

言 | 3획

무릎 꿇고 사람(己)이 말(言)한 것을 받아 적고 있는 모습에서 기록하다(記)는 의미이다.

㉑ 紀(벼리 기)
㉢ 錄(기록할 록)
　識(기록할 지)

읽기 한자

明記(명기) : 똑똑히 밝히어 적음
記事(기사) : 사실을 적는 것
後記(후기) : 뒷날의 기록, 책 끝에 적은 글
登記(등기) : 법적 보호를 받을 수 있도록 기록함
日記(일기) : 날마다 그날그날 겪은 일이나 생각의 기록
記入(기입) : 적어 넣음

활용문

그는 매일 밤 日記(일기)를 쓰려고 노력하고 있다.

필순 ㇔ ㇐ ㇒ ㇡ 言 言 言 記 記 記

記							
기록할 기							

가

1. 다음 한자어(漢字語)의 독음을 쓰세요.

(1) 急事 (　　　) (2) 海軍 (　　　) (3) 記事 (　　　)
(4) 昨今 (　　　) (5) 空氣 (　　　) (6) 現金 (　　　)

2. 다음 한자(漢字)의 훈(訓)과 음(音)을 쓰세요.

(1) 記 (　　　) (2) 急 (　　　) (3) 軍 (　　　)
(4) 金 (　　　) (5) 今 (　　　) (6) 氣 (　　　)

3. 다음 훈(訓)과 음(音)에 맞는 한자(漢字)를 쓰세요.

(1) 나라 국 (　　　) (2) 군사 군 (　　　)
(3) 쇠 금 (　　　)

4. 다음(　)에 들어갈 한자(漢字)를 예(例)에서 찾아 그 번호를 쓰세요.

| 예(例) | ① 氣 | ② 急 | ③ 記 |
| | ④ 軍 | ⑤ 今 | ⑥ 金 |

(1) (　　)事作戰　　　　(2) 生活日(　　)
(3) 木(　　)土日　　　　(4) 電(　　)會社

✎ **다음 한자를 필순에 맞게 여러 번 써 보세요.**

軍　今　金　急　氣　記

정답

1. (1) 급사　　(2) 해군　　(3) 기사　　(4) 작금　　(5) 공기　　(6) 현금
2. (1) 기록할 기 (2) 급할 급　(3) 군사 군　(4)쇠 금, 성 김 (5) 이제 금　(6) 기운 기
3. (1) 國　　(2) 軍　　(3) 金
4. (1) ④　　(2) ③　　(3) ⑥　　(4) ①

旗
7급

기 기

方 | 10획

지휘관이 있는 곳에 깃발을 세워서 이정표로 한 것에서 깃발(旗)을 의미한다.

비 期(기약할 기)
　其(그 기)

反旗(반기) : 반대의 뜻을 나타내는 행동이나 표시
半旗(반기) : 조의를 표하여 다는 국기
校旗(교기) : 학교를 상징하는 깃발
旗手(기수) : 기를 가지고 신호를 하는 사람
國旗(국기) : 나라를 상징하는 깃발
白旗(백기) : 흰 빛깔의 기

활용문

각 학교별로 대표자가 校旗(교기)를 들고 입장하였다.

필순 ` 一 亠 方 方 方 方 旂 旂 旃 旗 旗 旗

旗								
기 기								

南
8급

남녘 남

十 | 7획

다행하고(幸) 좋은 방향(向)이 남쪽(南)이라는 의미이다.

반 北(북녘 북)

南部(남부) : 남쪽 부분
南下(남하) : 남쪽으로 내려감
南方(남방) : 남쪽. 남쪽지방
南道(남도) : 남과 북으로 되어 있는 도에서 남쪽에 있는 도를 이름

南門(남문) : 남쪽 문
南山(남산) : 서울특별시 중구와 용산구 사이에 있는 산

활용문

南韓(남한)과 북한은 평화적인 통일이 필요합니다.

필순 一 十 十 内 内 南 南 南 南

南								
남녘 남								

男 사내 남

7급 II

田 | 2획

밭농사는 힘든 것으로 남자 일이기에 밭(田)과 힘(力)을 합쳐 사나이(男)라는 의미이다.

- 통 郞(사내 랑)
- 반 女(계집 녀)
  娘(계집 낭)

읽기 한자

男女(남녀) : 남자와 여자
男便(남편) : 부부 중에서 남자 쪽을 이르는 말
長男(장남) : 맏아들
男子(남자) : 남성인 사람. 사나이 ↔女子
生男(생남) : 아들을 낳음
男學生(남학생) : 남자 학생

활용문

보통 長男(장남)이 대를 이어 가업을 물려받는다.

필순 丨 冂 曰 日 用 田 甼 男

男								
사내 남								

內 안 내:

7급 II

入 | 2획

밖에서 건물 안(冂)으로 들어오는 것(入)에서 들어가다, 안, 속(內)을 의미한다.

- 통 裏(속 리)
- 반 外(바깥 외)

읽기 한자

內科(내과) : 내장의 기관에 생기는 병을 다스리는 의술
內堂(내당) : 내실
內戰(내전) : 나라 안의 전쟁
道內(도내) : 도의 안
內國(내국) : 자기 나라. 제 나라 안
內室(내실) : 아낙네가 거처하는 방
內空(내공) : 속이 비어 있음
內面(내면) : 물건의 안쪽. 인간의 정신 심리에 관한 면
內心(내심) : 속마음

활용문

우리 집 內事(내사)이니 굳이 알려고 하지 말게나.

필순 丨 冂 冂 內

內								
안 내								

나

女

8급

계집 **녀**

女 | 0획

손을 앞으로 끼고 무릎 꿇고 있는 부드러운 모습에서 여자, 처녀(女)를 의미한다.

통 娘(계집 낭)
반 男(사내 남)
　 郎(사내 랑)

읽기한자

女子(여자) : 여성인 사람
少女(소녀) : 아직 완전히 성숙하지 않은 어린 여자아이

쓰기한자

女王(여왕) : 여자임금
女人(여인) : 어른이 된 여자

활용문

바로 그 少女(소녀)가 입양된 아이입니다.

 필순 ㄑ ㄣ 女

女						
계집 녀						

年

8급

해 **년**

干 | 3획

벼가 결실해서 사람에게 수확되기까지의 기간을 뜻하는 것으로 한해, 세월(年)을 의미한다.

비 午(낮 오)
통 歲(해 세)

읽기한자

今年(금년) : 올해
明年(명년) : 내년
新年(신년) : 새해
年間(연간) : 한 해 동안
平年(평년) : 풍년도 흉년도 아닌 보통 수확을 올린 해
少年(소년) : 아직 완전히 성숙하지 않은 어린 사내아이

쓰기한자

年中(연중) : 한 해 동안
年年生(연년생) : 한 살 터울로 아이를 낳음 또는 그 아이

활용문

저 두 남매는 年年生(연년생)입니다.

필순 ㅣ ㅗ ㅗ ㅗ ㅌ 年

年						
해 년						

1. 다음 한자어(漢字語)의 독음을 쓰세요.

   (1) 南方 (   ) (2) 男女 (   ) (3) 內心 (   )
   (4) 平年 (   ) (5) 女子 (   ) (6) 國旗 (   )

2. 다음 한자(漢字)의 훈(訓)과 음(音)을 쓰세요.

   (1) 男 (   )   (2) 女 (   )   (3) 南 (   )
   (4) 年 (   )   (5) 內 (   )   (6) 旗 (   )

3. 다음 훈(訓)과 음(音)에 맞는 한자(漢字)를 쓰세요.

   (1) 남녘 남 (   )   (2) 계집 녀 (   )
   (3) 해 년   (   )

4. 다음(   )에 들어갈 한자(漢字)를 예(例)에서 찾아 그 번호를 쓰세요.

예(例)	① 男	② 南	③ 年
	④ 女	⑤ 內	⑥ 旗

   (1) (   )北對話   (2) 男(   )平等
   (3) 每(   )每月   (4) 室(   )音樂

   ✎ 다음 한자를 필순에 맞게 여러 번 써 보세요.

   旗   男   南   內   女   年

정답

1. (1) 남방   (2) 남녀   (3) 내심   (4) 평년   (5) 여자   (6) 국기
2. (1) 사내 남 (2) 계집 녀 (3) 남녘 남 (4) 해 년   (5) 안 내   (6) 기 기
3. (1) 南   (2) 女   (3) 年
4. (1) ②   (2) ④   (3) ③   (4) ⑤

農

7급 II

농사 **농**

辰 | 6획

아침 일찍(辰)부터 논에 나가 도구(曲)를 갖고 일하는 것에서 농사를 짓다(農)는 의미이다.

비 濃(짙을 농)

읽기 한자

農業(농업) : 땅을 이용하여 유용한 식물을 재배하거나 동물을 먹이는 생산업
農家(농가) : 농민의 집
農土(농토) : 농사짓는 땅
農夫(농부) : 농사짓는 일을 직업으로 하는 사람
農村(농촌) : 주민의 대부분이 농업에 종사하는 마을이나 지역
農事(농사) : 곡류, 과채류 따위의 씨나 모종을 심어 기르고 거두는 따위의 일

활용문

農夫(농부)가 논에서 열심히 일하고 있다.

필순 丨 冂 曰 由 曲 曲 曲 芦 芦 芦 農 農 農

農							
농사 농							

短

6급 II

짧을 **단(:)**

矢 | 7획

화살(矢)은 활보다 짧고, 콩(豆)은 감자나 오이보다 짧다(短)는 의미이다.

반 長(긴 장)

읽기 한자

短信(단신) : 간략하게 쓴 편지
短身(단신) : 키가 작음
短文(단문) : 글 아는 것이 넉넉하지 못함. 짧은 글
短命(단명) : 명이 짧음
短時日(단시일) : 짧은 시일
一長一短(일장일단) : 장점도 있고 단점도 있어 완전하지 않음

활용문

자세히 본 즉 ①②③으로 갈라 뜻풀이를 한 끝에 각각 '스미다'라는 말이 들어 있는 短文(단문)을 싣고 있다.

필순 丿 ケ 亇 午 矢 矢 矢 矧 短 短 短 短

短							
짧을 단							

答 7급II

대답 **답**

竹 | 6획

대쪽(竹)에 써 온 편지 내용에 합(合)당하게 답(答)을 써 보낸 다는 의미이다.

图 兪(대답할 유)
반 問(물을 문)
  諮(물을 자)

읽기한자

對答(대답) : 묻는 말에 대하여 말로나 소리로써 자기의 뜻을 나타냄
和答(화답) : 시나 노래에 응하여 대답함
答信(답신) : 회답으로 통신이나 서신을 보냄. 또는 그 통신이나 서신
答電(답전) : 회답의 전보
正答(정답) : 문제를 바르게 푼 답
名答(명답) : 격에 들어맞게 썩 잘한 답
答紙(답지) : 답안지

활용문

철수는 答紙(답지)에 답을 정성스럽게 써 내려갔다.

필순 ノ ノ ケ ケ ゲ ゲ 欠 欠 芡 筌 筌 答 答

答								
대답 답								

堂 6급II

집 **당**

土 | 8획

토대(土)위에 세운 높은(尙) 건물에서 어전, 큰 건물(堂)을 의미한다.

비 當(마땅 당)
图 家(집 가)
  戶(집 호)
  室(집 실)

읽기한자

堂堂(당당) : 번듯하게. 당당히
明堂(명당) : 아주 좋은 묘자리
食堂(식당) : 식사를 하도록 설비되어 있는 집

활용문

우리들은 아버지께서 기다리고 계신 食堂(식당)에서 점심을 먹었습니다.

필순 丶 丷 丷 丬 当 当 尚 尚 堂 堂

堂								
집 당								

大

큰 대(ː)

大 | 0획

사람이 크게 손과 다리를 벌리고 있는 모습에서 크다(大)는 의미이다.

비 犬(개 견)
太(클 태)
동 偉(클 위)
太(클 태)
巨(클 거)
반 小(작을 소)

읽기한자

大成(대성) : 크게 이루어짐
大戰(대전) : 크게 싸움. 대규모의 전쟁　　大道(대도) : 큰 길
大地(대지) : 대자연의 넓고 큰 땅　　　　大事(대사) : 큰 일
大海(대해) : 넓고 큰 바다
大會(대회) : 여러 사람의 모임. 다수인의 회합

쓰기한자

大國(대국) : 국력이 강하거나 국토가 넓은 나라
大軍(대군) : 군사의 수가 많은 군대
大門(대문) : 큰 문

활용문

충효는 인륜의 大道(대도)이다.

필순 一 ナ 大

大							
큰 대							

6급 II

代

대신할 대ː

亻(人) | 3획

국경에 세워두었던 말뚝 대신(弋)에 사람(人)을 당번병으로 세워둔 것에서 대신하다(代)는 의미이다.

비 伐(칠 벌)

읽기한자

代用(대용) : 대신으로 씀
代理(대리) : 남을 대신하여 일을 처리함
代讀(대독) : 대신 읽음

활용문

그 당시 西洋(서양)에서는 양가죽이나 쇠가죽을 종이 代身(대신)으로 썼습니다.

필순 丿 亻 亻 代 代

代							
대신 대							

다

1. 다음 한자어(漢字語)의 독음을 쓰세요.

(1) 農事 (   )   (2) 明堂 (   )
(3) 正答 (   )   (4) 代理 (   )
(5) 大道 (   )   (6) 短身 (   )

2. 다음 한자(漢字)의 훈(訓)과 음(音)을 쓰세요.

(1) 代 (   )   (2) 答 (   )
(3) 短 (   )   (4) 農 (   )
(5) 堂 (   )   (6) 大 (   )

3. 다음(   )에 들어갈 한자(漢字)를 예(例)에서 찾아 그 번호를 쓰세요.

예(例)	① 代	② 短	③ 大
	④ 答	⑤ 農	⑥ 堂

(1) 東問西(   )
(2) 一長一(   )
(3) 三國時(   )
(4) (   )村生活

✐ 다음 한자를 필순에 맞게 여러 번 써 보세요.

農　　短　　答　　堂　　代　　大

정답

1. (1) 농사   (2) 명당   (3) 정답   (4) 대리   (5) 대도   (6) 단신
2. (1) 대신 대 (2) 대답 답 (3) 짧을 단 (4) 농사 농 (5) 집 당   (6) 큰 대
3. (1) ④   (2) ②   (3) ①   (4) ⑤

對

6급 II

대할 대:

寸 | 11획

작업하는 일(業)과 손(寸)이 서로 마주 대한다(對)는 의미이다.

비 業(업 업)
약 対

 읽기한자

對答(대답) : 묻는 말에 응함
對等(대등) : 양쪽이 서로 비슷함
對立(대립) : 마주 대하여 섬
對面(대면) : 서로 얼굴을 마주 보고 대함

활용문

또는 책 속의 主人公(주인공)과 對話(대화)를 나누며 마음껏 상상의 날개를 펴 보기도 합니다.

필순 ` 丨 丬 丬 业 业 芈 芈 芈 芈 芈 芈 芈 對 對

對								
대할 대								

道

7급 II

길 도:

辶(辵) | 9획

사람(首)이 왔다갔다(辶)하고 있는 곳은 자연히 길(道)이 된다는 의미이다.

동 路(길 로)
途(길 도)

읽기한자

道界(도계) : 도와 도의 경계
道術(도술) : 도가의 방술
道理(도리) : 사람이 어떤 입장에서 마땅히 행하여야 할 바른 길
人道(인도) : 사람이 다니는 길
道中(도중) : 길 가운데, 여행길
道場(도장) : 검도나 유도, 태권도 등을 가르치고 연습하는 곳
車道(차도) : 찻길

활용문

이 건물은 道立(도립) 도서관입니다.

필순 ` 丷 丷 丷 丷 产 芦 芦 芦 首 首 首 渞 道 道

道								
길 도								

圖

그림 도

口 | 11획

논밭에 있는 장소를 도면에 표시한 것에서 도, 그리다, 생각하다는 의미이다.

비 圓(둥글 원)
園(동산 원)
團(둥글 단)
동 畫(그림 화)
약 図

읽기 한자

圖表(도표) : 그림과 표
圖面(도면) : 토목, 건축, 기계 또는 토지, 임야 같은 것을 기하학적으로 제도기를 써서 그린 그림
圖形(도형) : 그림의 형상

활용문

책을 '圖書(도서)'란 이름으로 부르기도 합니다.

필순 丨 冂 冂 冂 冈 冈 冈 罔 罔 罔 罔 罔 圖 圖

圖							
그림 도							

讀

읽을 독
구절 두

言 | 15획

물건을 팔(賣) 때에 가락에 맞추어 손님을 불러(言) 소리를 내어 읽다(讀)는 의미이다.

비 續(이을 속)
賣(팔 매)
약 読

읽기 한자

讀者(독자) : 책, 신문 따위의 출판물을 읽는 사람
正讀(정독) : 글의 참뜻을 바르게 파악함
音讀(음독) : 글 따위를 소리내어 읽음

활용문

작가와 讀者(독자)가 만나는 행사가 열렸다.

필순 丶 一 亠 亠 言 言 言 言 言 訃 許 壽 讀 讀 讀 讀 讀 讀 讀 讀

讀							
읽을 독							

東 8급
동녘 **동**
木 | 4획

나뭇가지(木) 사이에서 태양(日)이 나오는 형태로 해가 뜨는 방향, 동녘(東)을 의미한다.

[반] 西(서녘 서)

읽기한자
東海(동해) : 동쪽에 있는 바다
東天(동천) : 동쪽 하늘
東問西答(동문서답) : 묻는 말에 대하여 엉뚱한 소리로 하는 대답

쓰기한자
東西(동서) : 동쪽과 서쪽
東土(동토) : 동쪽 땅
東山(동산) : 동쪽 산

활용문
東學(동학)은 제3대 교주 손병희 때 천도교로 바뀌었다.

필순 一 ｢ ｢ 戸 声 東 東 東

東							
동녘 동							

同 7급
한가지 **동**
口 | 3획

동굴 크기가 처음부터 끝까지 어디나 같다는 것에서 같다(同)라는 의미이다.

[비] 洞(골 동)
[동] 共(한가지 공)
[반] 異(다를 이)

읽기한자
同窓(동창) : 같은 학교에서 공부를 한 관계
同國(동국) : 같은 나라   同色(동색) : 같은 빛깔
同年(동년) : 같은 해. 같은 나이   同名(동명) : 이름이 같음
同時(동시) : 같은 시간, 같은 때   同心(동심) : 마음을 같이 함
同氣(동기) : 형제자매, 친동기
同學(동학) : 한 곳에서 학문을 닦음

활용문
알고 보니 그 사람은 나와 同名(동명)이었다.

필순 丨 冂 冂 同 同 同

同							
한가지 동							

1. 다음 한자어(漢字語)의 독음을 쓰세요.

   (1) 同名 (   ) (2) 圖形 (   ) (3) 讀者 (   )
   (4) 對面 (   ) (5) 道術 (   ) (6) 東海 (   )

2. 다음 한자(漢字)의 훈(訓)과 음(音)을 쓰세요.

   (1) 同 (   )   (2) 讀 (   )   (3) 東 (   )
   (4) 對 (   )   (5) 道 (   )   (6) 圖 (   )

3. 다음 훈(訓)과 음(音)에 맞는 한자(漢字)를 쓰세요.

   (1) 큰 대   (   )
   (2) 동녘 동   (   )

4. 다음(   )에 들어갈 한자(漢字)를 예(例)에서 찾아 그 번호를 쓰세요.

예(例)	① 對	② 同	③ 東
	④ 道	⑤ 圖	⑥ 讀

   (1) 一心(   )體   (2) 韓國地(   )
   (3) 南北(   )話   (4) (   )書室

   📝 다음 한자를 필순에 맞게 여러 번 써 보세요.

   對   圖   道   讀   同   東

정답

1. (1) 동명   (2) 도형   (3) 독자   (4) 대면   (5) 도술   (6) 동해
2. (1) 한가지 동 (2) 읽을 독 (3) 동녘 동 (4) 대할 대 (5) 길 도   (6) 그림 도
3. (1) 大   (2) 東
4. (1) ②   (2) ⑤   (3) ①   (4) ⑥

冬

겨울 동(:)

冫 | 3획

샘물 입구(夂)가 얼어(冫) 물이 나오지 않게 된 추운 계절을 의미하여 겨울(冬)의 의미이다.

[반] 夏(여름 하)

 읽기한자

冬休(동휴) : 겨울철 휴가
冬木(동목) : 겨울이 되어 잎이 떨어진 나무
冬月(동월) : 겨울 밤의 달
冬天(동천) : 겨울 하늘
冬日(동일) : 겨울 날
立冬(입동) : 24절기의 하나, 겨울이 시작되는 절기
三冬(삼동) : 겨울 석달

활용문

立冬(입동)이 지나니 날씨가 제법 쌀쌀해졌습니다.

필순 丿 ク 夂 冬 冬

冬							
겨울 동							

洞

7급

골   동:
밝을 통:

氵(水) | 6획

같은(同) 우물이나 시냇물(氵)을 사용하는 동네(洞)란 의미이다.

[비] 同(한가지 동)
[동] 里(마을 리)
     明(밝을 명)

읽기한자

風洞(풍동) : 인공으로 바람을 일으켜 기류가 물체에 미치는 작용이
　　　　　 나 영향을 실험하는 터널형의 장치
洞然(통연) : 막힘이 없이 트여 밝음
洞民(동민) : 한 동네에 사는 사람
洞門(동문) : 마을 입구에 있는 문
洞口(동구) : 동네 입구
洞里(동리) : 지방 행적 구역인 동(洞)과 리(里). 마을
洞天(동천) : 산천으로 둘러싸인 경치가 좋은 곳

활용문

洞口(동구) 밖 과수원 길 아카시아 꽃이 활짝 폈네.

필순 丶 丶 氵 氵 汩 洞 洞 洞 洞

洞							
골 동							

動

움직일 동ː

力 | 9획

아무리 무거운(重) 것이라도 힘(力)을 가하면 움직인다는 것에서 움직이다(動)는 의미이다.

반 靜(고요할 정)
寂(고요할 적)

읽기 한자

動作(동작) : 어떤 일을 하기 위해서 몸을 움직이는 일
出動(출동) : 나가서 행동함　　　　生動(생동) : 살아 움직임
不動(부동) : 움직이지 않음　　　　活動(활동) : 활발하게 움직임
自動(자동) : 스스로 움직임　　　　手動(수동) : 손으로 움직임
動物(동물) : 스스로 움직일 수 있으며 지각 · 생식 · 생장의 기능을 가진 생물
發動(발동) : 움직이기 시작함

활용문

不動(부동)자세로 서 있어!

필순　´ ﾆ ﾆ ﾆ 台 台 旨 盲 重 重 動 動

動								
움직일 동								

童

아이 동(ː)

立 | 7획

마을(里)에 들어가면 서서(立) 노는 것은 아이(童)라는 의미이다.

비 里(마을 리)
동 兒(아이 아)

읽기 한자

童心(동심) : 어린이의 마음
神童(신동) : 재주와 슬기가 남달리 썩 뛰어난 아이
童話(동화) : 어린이를 상대로 하는 재밌고 교훈이 되는 이야기

활용문

그러나 나는 아버지께서 사다 주신 名作童話集(명작동화집) 20권 가운데 두 권밖에 읽지 않았습니다.

필순　﹨ ﾆ ﾆ ﾆ 立 产 흠 音 音 音 童 童

童								
아이 동								

登

7급

오를 등

癶 | 7획

양발을 벌리고(癶) 디딤대(豆)에 오르는 것에서 오르다(登)는 의미이다.

- 비 燈(등 등)
- 동 昇(오를 승)
- 반 降(내릴 강)

읽기한자

登用(등용) : 인재를 골라 뽑음
登校(등교) : 학교에 감
登山(등산) : 산에 오름
登天(등천) : 하늘에 오름
登年(등년) : 여러 해가 걸림
登場(등장) : 무대 같은 데에 나옴. 무슨 일에 어떤 사람이 나타남
登記(등기) : 일정한 사항을 등기부에 기재하여 권리를 명확하게 하는 일

활용문

편지를 登記(등기)로 붙였다.

필순 ノ ㇗ ㇗ ㇗ 癶 癶 癶 癶 登 登 登 登

登							
오를 등							

等

6급 II

무리 등:

竹 | 6획

관청(寺)에서 글자를 쓰는 죽간(竹)의 길이를 맞춘 데에서 같은 크기(等)를 갖추다는 의미이다.

- 비 待(기다릴 대)
  特(특별할 특)
- 동 群(무리 군)
- 반 獨(홀로 독)

읽기한자

對等(대등) : 양쪽 사이에 낫고 못함 또는 높고 낮음이 없음
等高線(등고선) : 지도에서 표준 해면으로부터 같은 높이에 있는 지점을 연결하여 놓은 선
等分(등분) : 분량을 똑같이 나눔

활용문

내년에 高等學校(고등학교)에 입학합니다.

필순 ノ ㇒ ㅅ ㅅ 竹 竹 竹 竺 竺 笁 等 等

等							
무리 등							

1. 다음 한자어(漢字語)의 독음을 쓰세요.

   (1) 登校 (   )   (2) 冬休 (   )
   (3) 童心 (   )   (4) 洞里 (   )
   (5) 對等 (   )   (6) 發動 (   )

2. 다음 한자(漢字)의 훈(訓)과 음(音)을 쓰세요.

   (1) 等 (   )   (2) 童 (   )
   (3) 登 (   )   (4) 冬 (   )
   (5) 動 (   )   (6) 洞 (   )

3. 다음(   )에 들어갈 한자(漢字)를 예(例)에서 찾아 그 번호를 쓰세요.

예(例)	① 洞	② 冬	③ 登
	④ 童	⑤ 等	⑥ 動

   (1) 春夏秋(   )
   (2) 男女平(   )
   (3) (   )物王國
   (4) 外國(   )話

   ✏ 다음 한자를 필순에 맞게 여러 번 써 보세요.

   童   冬   動   洞   等   登

정답

1. (1) 등교   (2) 동휴   (3) 동심   (4) 동리   (5) 대등   (6) 발동
2. (1) 무리 등   (2) 아이 동   (3) 오를 등   (4) 겨울 동   (5) 움직일 동   (6) 골 동, 밝을 통
3. (1) ②   (2) ⑤   (3) ⑥   (4) ④

樂 6급 II

즐길 　 락
노래 　 악
좋아할 요

木 | 11획

나무(木) 틀에 실(絲)이나 북(白)을 달아 악기를 만들어 풍악을 즐긴다(樂)는 의미이다.

비 藥(약 약)
동 喜(기쁠 희)
반 悲(슬플 비) 哀(슬플 애)
　 苦(쓸 고)
약 楽

읽기 한자

軍樂(군악) : 군대 음악
音樂(음악) : 가락으로 감정을 표현하는 예술
樂山樂水(요산요수) : 자연을 즐기고 좋아함
和樂(화락) : 화목하고 즐거움
樂天(낙천) : 세상과 인생을 즐겁게 여김

활용문

조용한 音樂(음악)이 흐릅니다.

필순
′ ｆ 白 白 白 白 纩 纩 纵 纵 絲 樂 樂 樂 樂

樂						
즐길 락						

來 7급

올 래(:)

人 | 6획

옛날 보리를 하늘이 내려주신 것이라 하여 보리 형태를 써서 오다(來)라고 한 의미이다.

반 往(갈 왕)
　 去(갈 거)
약 来

읽기 한자

來春(내춘) : 내년 봄
來日(내일) : 오늘의 바로 다음 날
來年(내년) : 올해의 다음 해
來月(내월) : 요번 달의 바로 다음 달
來韓(내한) : 외국인이 한국에 옴
外來(외래) : 외국에서 들어 옴

활용문

마이클 잭슨의 來韓(내한)공연이 떠오릅니다.

필순
一 厂 丆 丼 來 來 來

來						
올 래						

力

힘 **력**

力 | 0획

팔에 힘을 넣었을 때에 생기는 알통에 빗대어 힘, 효능(力)을 의미한다.

비 方(모 방)
　刀(칼 도)

읽기 한자

才力(재력) : 재주와 능력
主力(주력) : 주장되는 힘
力道(역도) : 체육에서 역기를 들어올리는 운동
水力(수력) : 물의 힘
學力(학력) : 학문의 역량. 학문의 쌓은 정도
力不足(역부족) : 힘이나 기량 등이 모자람
全力(전력) : 온힘
電力(전력) : 전기의 힘

활용문

이 사업에 全力(전력)을 다 할 예정입니다.

필순 ㄱ 力

力							
힘 력							

老

7급

늙을 **로:**

老 | 0획

늙은이의 모양에서 늙다, 쇠퇴하다(老)는 의미이다.

동 耆(늙을 기)
반 少(적을 소)
　幼(어릴 유)
　稚(어릴 치)

읽기 한자

老弱(노약) : 늙은 사람과 약한 사람을 통틀어 이르는 말
老母(노모) : 늙은 어머니
老後(노후) : 늙어진 후
老色(노색) : 늙은이가 입기에 알맞은 옷의 빛깔. 회색 따위
老少(노소) : 늙은 사람과 젊은 사람
老父(노부) : 늙은 아버지. 윗사람에게 자기의 늙은 아버지를 일컫는 말
老木(노목) : 늙은 나무
老年(노년) : 늙은 나이. 늙은 사람

활용문

어느새 우리도 老年(노년)에 접어드는군요.

필순 一 十 土 耂 耂 老 老

老							
늙을 로							

무리 등

六

8급

여섯 **륙**

八 | 2획

무궁화 꽃잎 5개와 꽃술 1개를 이어서 여섯(六)을 나타낸다.

비 穴(굴 혈)

六面體(육면체) : 여섯 개의 면을 가진 다면체, 입방체, 직방체 등
六書(육서) : 한자 구성의 여섯 가지 유형. 상형, 지사, 회의, 형성, 전주, 가차
六事(육사) : 사람이 지켜야 할 여섯 가지 일

쓰기한자

六學年(육학년) : 초등학교에서 가장 높은 학년
六寸(육촌) : 여섯 치, 사촌(四寸)의 자녀끼리의 촌수

활용문

가까워야 六寸(육촌), 七寸(칠촌)이겠지.

필순 ` 一 亠 六 六

六						
여섯 륙						

里

7급

마을 **리:**

里 | 0획

밭(田)과 흙(土)이 보이는 경치에서 시골, 촌(里)을 의미한다.

비 理(다스릴 리)
동 村(마을 촌)
　 洞(골 동)

읽기한자

洞里(동리) : 마을
里門(이문) : 동네 어귀에 세운 문
里中(이중) : 동리, 마을의 안
里長(이장) : 행정 구역인 동리의 사무를 맡아보는 사람
下里(하리) : 아랫동네
十里(십리) : 약 4km

활용문

아버지는 里長(이장)으로 활동하고 있습니다.

필순 丨 口 曰 曰 旦 里 里

里						
마을 리						

라

1. 다음 한자어(漢字語)의 독음을 쓰세요.

(1) 水力 (　　　)　　　(2) 和樂 (　　　)
(3) 來韓 (　　　)　　　(4) 老母 (　　　)
(5) 六書 (　　　)　　　(6) 里長 (　　　)

2. 다음 한자(漢字)의 훈(訓)과 음(音)을 쓰세요.

(1) 來 (　　　)　　　(2) 樂 (　　　)
(3) 力 (　　　)　　　(4) 老 (　　　)
(5) 六 (　　　)　　　(6) 里 (　　　)

3. 다음(　)에 들어갈 한자(漢字)를 예(例)에서 찾아 그 번호를 쓰세요.

예(例)	① 六	② 來	③ 力
	④ 里	⑤ 老	⑥ 樂

(1) 火(　　)發電
(2) 直(　　)面體
(3) 男女(　　)少
(4) 音(　　)學校

📝 다음 한자를 필순에 맞게 여러 번 써 보세요.

樂　來　力　老　六　里

정답

1. (1) 수력　　(2) 화락　　(3) 내한　　(4) 노모　　(5) 육서　　(6) 이장
2. (1) 올 래　　(2) 즐길 락, 노래 악, 좋아할 요 (3) 힘 력　　(4) 늙을 로　　(5) 여섯 륙
　 (6) 마을 리
3. (1) ③　　(2) ①　　(3) ⑤　　(4) ⑥

理

6급 II

다스릴 리:

王(玉) | 7획

임금의(王) 명령을 받아 마을(里)을 다스린다(理)는 의미이다.

비 里(마을 리)
동 治(다스릴 치)

읽기한자

道理(도리) : 사람이 마땅히 행하여야 할 바른 길
公理(공리) : 널리 일반에 통용되는 도리
心理(심리) : 마음의 움직임이나 상태
事理(사리) : 일의 이치

활용문

道理(도리)에 어긋난 행위를 하지 말아라.

필순 ` ⼀ ⼆ ⺅ 王 ⺩ ⺩ ⺩ ⺩ 理 理 理

理								
다스릴 리								

利

6급 II

이할 리:

刂(刀) | 5획

칼(刂)날이 벼(禾)잎 끝과 같이 날카롭게 잘 베어지는 것에서 날카롭다(利)는 의미이다.

비 和(화할 화)
　 科(과목 과)
반 害(해할 해)

읽기한자

利用(이용) : 이롭게 씀
有利(유리) : 이로움
公利(공리) : 공공의 이익
便利(편리) : 어떤 일을 하는데 편하고 이용하기 쉬움

활용문

어른들도 무엇을 알아보거나 일을 해 나가는 데 도움을 받기 위해서 책을 利用(이용)합니다.

필순 ` ⼀ ⼆ 千 禾 禾 利 利

利								
이할 리								

7급

林
수풀 림

木 | 4획

나무(木)가 많이 심어져 있는 모습에서 수풀(林)을 의미한다.

비 森(수풀 삼)
　　木(나무 목)
통 森(수풀 삼)

林業(임업) : 산림(山林)을 경영하는 사업
育林(육림) : 나무를 기름
農林(농림) : 농사를 짓는 일과 나무를 기르는 일
林立(임립) : 수풀처럼 죽 늘어섬
林木(임목) : 수풀의 나무
林山(임산) : 수림(樹林)이 잘 자랄 수 있는 산
山林(산림) : 산에 우거진 숲

활용문

山林(산림)이 훼손되는 것을 꼭 막아야 합니다.

필순　一 十 オ 木 木 朴 材 林

林							
수풀 림							

7급 II

立
설 립

立 | 0획

사람이 서 있는 모양을 본떴다.

비 竝(나란히 병)

對立(대립) : 둘이 서로 대치하여 버팀
成立(성립) : 사물이 이루어짐
立國(입국) : 나라를 세움. 건국
立場(입장) : 당하고 있는 처지
立木(입목) : 땅 위에 서 있는 채로의 나무
立方(입방) : 어떤 선을 한 변으로 하는 입방체의 부피를 나타냄
立冬(입동) : 24절기의 하나로 겨울이 시작됨을 이름
國立(국립) : 나라에서 세움

활용문

國立(국립)도서관에서 책을 빌려야겠습니다.

필순　` 二 六 立 立

立							
설 립							

萬 [8급]

일만 만:

艹(艸) | 9획

벌의 모양을 본뜬 글자로 그 수가 많다는 데서 만(萬)을 의미한다.

回 莫(없을 막)

약 万

읽기한자

萬民平等(만민평등) : 세상 모든 사람에게 차별 없이 동등함
萬物(만물) : 세상에 있는 모든 것
萬事(만사) : 여러 가지 온갖 일
萬全(만전) : 조금도 허술함이 없이 아주 완전함
萬國旗(만국기) : 여러 나라 국기

쓰기한자

萬國(만국) : 여러 나라
萬民(만민) : 모든 백성
十萬(십만) : 만의 열배가 되는 수

활용문

법 앞에서는 萬民(만민)이 평등하다.

필순 一 十 十 艹 艹 艹 苧 苩 苩 莒 萬 萬 萬

萬							
일만 만							

每 [7급 II]

매양 매(:)

毋 | 3획

풀(艹)은 어머니(母)처럼 차례로 아이를 늘리므로, 그때마다, 매번(每)이라는 의미이다.

回 母(어미 모)
　 梅(매화 매)

읽기한자

每年(매년) : 해마다
每事(매사) : 일마다, 모든 일
每日(매일) : 날마다
每月(매월) : 달마다
每人(매인) : 한 사람 한 사람

활용문

그는 每事(매사)에 빈틈이 없습니다.

 필순 丿 ᄼ ᅡ 句 每 每 每

每							
매양 매							

1. 다음 한자어(漢字語)의 독음을 쓰세요.

   (1) 萬物 (   )   (2) 成立 (   )   (3) 林木 (   )
   (4) 每年 (   )   (5) 公理 (   )   (6) 利用 (   )

2. 다음 한자(漢字)의 훈(訓)과 음(音)을 쓰세요.

   (1) 理 (   )   (2) 林 (   )   (3) 利 (   )
   (4) 萬 (   )   (5) 立 (   )   (6) 每 (   )

3. 다음 훈(訓)과 음(音)에 맞는 한자(漢字)를 쓰세요.

   (1) 여섯 륙 (   )
   (2) 일만 만 (   )

4. 다음(   )에 들어갈 한자(漢字)를 예(例)에서 찾아 그 번호를 쓰세요.

예(例)	① 林	② 利	③ 理
	④ 立	⑤ 每	⑥ 萬

   (1) (   )人同樂   (2) 山(   )草木
   (3) 物(   )作用   (4) 海運(   )用

   ✎ 다음 한자를 필순에 맞게 여러 번 써 보세요.

   利   理   林   立   萬   每

정답

1. (1) 만물   (2) 성립   (3) 임목   (4) 매년   (5) 공리   (6) 이용
2. (1) 다스릴 리 (2) 수풀 림 (3) 이할 리   (4) 일만 만 (5) 설 립   (6) 매양 매
3. (1) 六   (2) 萬
4. (1) ⑥   (2) ①   (3) ③   (4) ②

面

7급

낯 **면:**

面 | 0획

얼굴 주위에 여기부터 여기까지 얼굴이다라고 표시한 것에서 낯짝, 얼굴(面)을 의미한다.

동 顔(낯 안)
　容(얼굴 용)

읽기한자

面會(면회) : 직접 얼굴을 대하여 만나 봄
對面(대면) : 서로 얼굴을 마주 보고 대함
反面(반면) : 앞에 말한 것과는 다름을 나타내는 말
體面(체면) : 남을 대하는 체재와 면목
三面(삼면) : 세 방면
面前(면전) : 눈 앞, 보는 앞
面長(면장) : 면 행정 기관의 우두머리
面里(면리) : 지방 행정 구역인 면과 리
場面(장면) : 일이 일어나는 장소의 모양
方面(방면) : 어떤 분야
面色(면색) : 얼굴빛. 안색

활용문

남쪽 方面(방면)으로 여행했습니다.

필순 　一　丆　丆　丏　而　而　面　面

面								
낯 면								

名

7급 II

이름 **명**

口 | 3획

어두워(夕)지면 얼굴이 보이지 않으므로 큰소리(口)로 이름을 서로 불러 이름(名)을 의미한다.

비 各(각각 각)

읽기한자

名藥(명약) : 효력이 좋아 소문난 약
名作(명작) : 훌륭한 작품. 유명한 작품
作名(작명) : 이름을 지음
題名(제명) : 표제의 이름. 명승지에 자기의 이름을 기록함
名山(명산) : 이름난 산
名所(명소) : 유명한 장소
名答(명답) : 격에 들어맞게 썩 잘한 답
有名(유명) : 많은 사람들에게 이름이 알려짐

활용문

할아버지께서 作名(작명)해 주셨습니다.

필순 　丿　ク　夕　夕　名　名

名								
이름 명								

7급

命

목숨 명:

口 | 5획

모여든(亼) 사람들에게 명령(叩)하고 있는 형태에서 명령하다(命)는 의미이다.

🅑 令(하여금 령)
🅓 壽(목숨 수)

📖 읽기한자

命題(명제) : 제목을 정함. 논리적인 판단을 언어나 기호로 표현한 것
運命(운명) : 운수와 명수
人命(인명) : 사람의 목숨
命名(명명) : 이름을 지어 붙임
命中(명중) : 겨냥한 곳에 바로 맞음
命數(명수) : 타고난 수명. 운명과 재수
命日(명일) : 사람이 죽은 날. 기일
天命(천명) : 하늘이 내린 운명

📝 활용문

人命(인명)은 在天(재천)이요.

✏️ 필순 　ノ　人　亼　亼　今　合　合　命　命

命								
목숨 명								

6급 II

明

밝을 명

日 | 4획

창문(日)으로 비쳐드는 달빛(月)에서 밝다(明)는 의미이다.

🅓 朗(밝을 랑)
🅑 暗(어두울 암)

📖 읽기한자

明記(명기) : 분명히 기록함
明白(명백) : 아주 분명함
明分(명분) : 당연히 지켜야할 분수
明日(명일) : 내일
自明(자명) : 증명이나 설명의 필요가 없이 그 자체만으로도 충분함
發明(발명) : 아직까지 없던 어떠한 물건이나 방법을 새로 만들어 냄

📝 활용문

서양에서는 1450년경 독일의 구텐베르크가 납과 주석을 섞어 만든 活字(활자)를 利用(이용)한 활자 인쇄술을 發明(발명)하였습니다.

✏️ 필순 　丨　冂　冃　日　助　明　明　明

明								
밝을 명								

마

母

어미 모:

母 | 1획

여인이 성장하여 성인이 되면 젖무덤이 붙는 형태가 되어 엄마, 어머니(母)를 의미한다.

- 비 每(매양 매)
- 반 父(아비 부)

읽기 한자

母體(모체) : 어머니의 몸
分母(분모) : 분수 또는 분수식의 횡선 아래에 적은 수나 식

쓰기 한자

母女(모녀) : 어머니와 딸
母國(모국) : 자기가 태어난 나라
母校(모교) : 자기가 다니거나 졸업한 학교
父母(부모) : 아버지와 어머니

활용문

이곳이 그의 母國(모국)입니다.

필순 ㄴ ㄉ ㄗ 母 母

母								
어미 모								

木

나무 목

木 | 0획

나무의 모양을 본떴다.

- 비 林(수풀 림)
  禾(벼 화)
- 동 樹(나무 수)

읽기 한자

角木(각목) : 각재로 된 나무
木工(목공) : 나무를 다루어서 물건을 만드는 일
木花(목화) : 솜을 만드는 식물
木手(목수) : 나무를 다듬어 집이나 물건을 만드는 사람
植木(식목) : 나무를 심음
草木(초목) : 풀과 나무
山川草木(산천초목) : 산과 내와 풀과 나무, 자연을 이르는 말

쓰기 한자

火木(화목) : 땔 나무
木門(목문) : 나무로 만든 문

활용문

4월 5일은 植木日(식목일)입니다.

필순 一 十 才 木

木								
나무 목								

1. 다음 한자어(漢字語)의 독음을 쓰세요.

(1) 明分 (　　　) (2) 名山 (　　　) (3) 方面 (　　　)
(4) 母體 (　　　) (5) 角木 (　　　) (6) 命中 (　　　)

2. 다음 한자(漢字)의 훈(訓)과 음(音)을 쓰세요.

(1) 面 (　　　) (2) 名 (　　　) (3) 命 (　　　)
(4) 明 (　　　) (5) 母 (　　　) (6) 木 (　　　)

3. 다음 훈(訓)과 음(音)에 맞는 한자(漢字)를 쓰세요.

(1) 어미 모 (　　　)
(2) 나무 목 (　　　)

4. 다음(　)에 들어갈 한자(漢字)를 예(例)에서 찾아 그 번호를 쓰세요.

예(例)	① 面	② 母	③ 名
	④ 木	⑤ 命	⑥ 明

(1) 白(　)書生　　　　(2) (　)山大川
(3) 淸風(　)月　　　　(4) 學父(　)會

✎ 다음 한자를 필순에 맞게 여러 번 써 보세요.

面　明　名　命　母　木

정답

1. (1) 명분　(2) 명산　(3) 방면　(4) 모체　(5) 각목　(6) 명중
2. (1) 낯 면　(2) 이름 명　(3) 목숨 명　(4) 밝을 명　(5) 어미 모　(6) 나무 목
3. (1) 母　(2) 木
4. (1) ①　(2) ③　(3) ⑥　(4) ②

門

8급

문 | 0획

문 **문**

두 개의 개폐문의 형태에서 집의 출입구, 문(門)이라는 의미이다.

[비] 問(물을 문)
聞(들을 문)

읽기 한자

窓門(창문) : 공기나 빛이 들어올 수 있도록 벽에 놓은 작은 문
家門(가문) : 집안과 문중　　　　門前(문전) : 문 앞
入門(입문) : 무엇을 배우는 길에 처음 들어섬
同門(동문) : 같은 학교에서 공부하였거나 같은 스승에게서 배운
　　　　　　사람
門下生(문하생) : 문하에서 가르침을 받는 제자

쓰기 한자

大門(대문) : 큰 문　　　　　　校門(교문) : 학교의 문
外門(외문) : 바깥 문

활용문

大門(대문) 앞에 개 한 마리가 있습니다.

필순 ｜ 冂 冂 冃 冐 冐 門 門 門

門							
문 **문**							

文

7급

글월 | 문

文 | 0획

글월 **문**

몸에 문신을 한 것에서 문양이라든가 쓴 것(文)을 의미한다.

[동] 章(글 장)

읽기 한자

文書(문서) : 글로써 일정한 사상을 적어 표시한 것
文體(문체) : 작자의 사상이나 개성 등이 나타나 있는 특색. 문장의
　　　　　　양식
公文書(공문서) : 공무원이 그 직무상 작성한 서류
文語(문어) : 글자로 나타낸 모든 말
文人(문인) : 시, 소설, 수필, 희곡 따위를 쓰는 사람
文物(문물) : 문화의 산물. 모든 문화에 관한 것
文答(문답) : 글로써 회답함

활용문

그는 소위 '文學(문학)소년'이라고 불릴 정도로 책 읽기를 좋아했다.

필순 ` 一 ナ 文

文							
글월 **문**							

問

7급

물을 문:

口 | 8획

문(門) 앞에서 안의 사람에게 큰 소리(口)로 물어보는 것에서 묻다, 방문하다(問)는 의미이다.

비 聞(들을 문)
　間(사이 간)
반 答(대답 답)

읽기한자

問題(문제) : 해답을 필요로 하는 물음
反問(반문) : 물음에 대답하지 아니하고 되받아서 물음
問答(문답) : 물음과 대답
問名(문명) : 이름을 물음
問字(문자) : 남에게 글자를 배움
學問(학문) : 배우고 익힘. 체계가 선 지식, 학식
不問(불문) : 밝히지 않고 덮어 둠
下問(하문) : 윗사람이 아랫사람에게 물음

활용문

이번 회의는 問答(문답)형식으로 진행될 것입니다.

필순 丨 冂 冂 冃 冃 冃 門 門 門 問 問

問								
물을 문								

聞

6급 II

들을 문(:)

耳 | 8획

문(門) 안쪽에서 귀(耳)를 기울여 되묻는 것에서 듣다(聞)는 의미이다.

비 問(물을 문)
　間(사이 간)
　開(열 개)
동 聽(들을 청)

읽기한자

聞人(문인) : 이름이 널리 알려진 사람들
名聞(명문) : 세상의 평판이나 명성
新聞(신문) : 새로운 소식
後聞(후문) : 뒷소문
風聞(풍문) : 바람결에 들리는 소문. 실상없이 떠도는 말

활용문

그는 디트로이트와 포트 휴런을 왕래하는 열차에서 과일, 채소, 新聞(신문)을 팔았다.

필순 丨 冂 冂 冃 冃 冃 門 門 門 門 門 間 聞

聞								
들을 문								

物

7급 Ⅱ

물건 **물**

牛 | 4획

무리(勿)가 되어 움직이는 소(牛)떼는 가장 큰 재산이었다는 것에서 물건(物)이라는 의미이다.

동 件(물건 건)
　品(물건 품)

읽기한자

物體(물체) : 물건의 형체
風物(풍물) : 어떤 지방이나 계절 특유의 구경거리나 산물. 농악에
　　　　　　 쓰는 꽹과리, 날라리 등을 일컬음
現物(현물) : 금전에 대하여 물품을 일컫는 말
人物(인물) : 사람
名物(명물) : 그 지방 특유의 이름난 물건
物力(물력) : 물건의 힘. 온갖 물건의 재료와 노력
植物(식물) : 한 자리에 바로 서서 자라는 생물
物主(물주) : 밑천을 대어 주는 사람

활용문

인간은 動植物(동식물)과는 다릅니다.

필순 `丿 𠂉 𠂉 牛 牛 物 物 物`

物							
물건 물							

民

8급

백성 **민**

氏 | 1획

여인(女)이 시초(氏)가 되어 많은 사람이 태어나는 것에서 백성, 사람(民)을 의미한다.

반 君(임금 군)

읽기한자

民意(민의) : 국민의 뜻
民心(민심) : 백성의 마음
民主(민주) : 주권이 국민에게 있음
住民(주민) : 일정한 지역에 살고 있는 사람
民事(민사) : 사법적인 법률관계에서 일어나는 일

쓰기한자

國民(국민) : 나라를 구성하는 사람
萬民(만민) : 모든 백성, 모든 사람
民生(민생) : 국민의 생활

활용문

民家(민가)에 들러 도움을 청해야겠습니다.

필순 `𠃌 𡥭 𠃌 民 民`

民							
백성 민							

1. 다음 한자어(漢字語)의 독음을 쓰세요.

(1) 下問 (   )   (2) 窓門 (   )   (3) 後聞 (   )
(4) 民主 (   )   (5) 文書 (   )   (6) 人物 (   )

2. 다음 한자(漢字)의 훈(訓)과 음(音)을 쓰세요.

(1) 聞 (   )   (2) 民 (   )   (3) 物 (   )
(4) 問 (   )   (5) 文 (   )   (6) 門 (   )

3. 다음 훈(訓)과 음(音)에 맞는 한자(漢字)를 쓰세요.

(1) 문 문 (   )
(2) 백성 민 (   )

4. 다음(   )에 들어갈 한자(漢字)를 예(例)에서 찾아 그 번호를 쓰세요.

예(例)	① 文	② 民	③ 聞
	④ 問	⑤ 物	⑥ 門

(1) 大韓(   )國   (2) 自(   )自答
(3) 草食動(   )   (4) 新(   )紙上

✏ 다음 한자를 필순에 맞게 여러 번 써 보세요.

聞   問   文   門   物   民

정답

1. (1) 하문   (2) 창문   (3) 후문   (4) 민주   (5) 문서   (6) 인물
2. (1) 들을 문   (2) 백성 민   (3) 물건 물   (4) 물을 문   (5) 글월 문   (6) 문 문
3. (1) 門   (2) 民
4. (1) ②   (2) ④   (3) ⑤   (4) ③

反

돌이킬
돌아올 반:

又 | 2획

6급Ⅱ

손(又)에 밀려 굽어진 판자(厂)는 손을 떼면 원래 되돌아오기에 돌아오다(反)는 의미이다.

비 友(벗 우)

읽기한자

反旗(반기) : 반대의 뜻을 나타내는 행동이나 표시
反動(반동) : 한 동작에 대하여 반대로 일어나는 동작
反問(반문) : 물음에 대답하지 아니하고 되받아서 물음
反省(반성) : 자기의 과거 행위에 대하여 그 선악, 가부를 고찰함

활용문

反省(반성)을 하고 있으니까, 이제 그만 용서해줘요.

필순 一 厂 厅 反

反						
돌이킬 반						

半

반 반:

十 | 3획

6급Ⅱ

소는 농가의 재산으로 소(牛)를 2등분(八)한 한쪽을 의미하여 반쪽분(半)이라는 의미이다.

비 羊(양 양)
　美(아름다울 미)

읽기한자

半球(반구) : 구의 절반
半月(반월) : 반달. 한 달의 절반인 15일
上半身(상반신) : 아래위로 절반 나눈 그 윗몸
半百(반백) : 백의 반 곧 쉰
半生(반생) : 생의 절반

활용문

아버지는 '동네 半(반) 바퀴'만 돌고 석효를 데리고 집으로 돌아왔다.

필순 ′ ′ ⺍ ⺍ 半

半						
반 반						

班

6급II

나눌 반

王(玉) | 6획

구슬(玉)을 구별하여 전체를 몇 개인가로 나누어(刂) 각각의 조직을 반으로 나누다(班)는 의미이다.

동 分(나눌 분)
別(나눌 별)

읽기한자

班長(반장) : 반의 통솔자
班名(반명) : 반의 이름
文班(문반) : 문관의 반열

활용문

班長(반장)선거를 하였습니다.

필순 一 二 干 王 王 王 玎 玡 班 班

班								
나눌 반								

發

6급II

필 발

癶 | 7획

활(弓)이나 손에 든 창(殳)을 두 손(癶)으로 쏜다(發)는 의미이다.

비 廢(폐할 폐)
약 発

읽기한자

發明(발명) : 지금까지 쓰지 않던 새로운 물건 또는 방법을 만들거나 고안하여 냄
發生(발생) : 처음 일어남
發電(발전) : 전기를 일으킴
發表(발표) : 널리 드러내어 세상에 알림

활용문

전기문 '토머스 에디슨'에는 '電球(전구)·電氣(전기)·電線(전선)·發電所(발전소)' 등 '電' 자 들어가는 말이 여러 개가 나온다.

필순 フ ヲ ヺ ヺ' 癶 癶 癶 癶 癶 癶 發 發

發								
필 발								

바

方 모 방

7급Ⅱ

方 | 0획

두 척의 배를 나란히 붙인 모양을 본뜬 것으로 모나다(方)는 의미이다.

비 放(놓을 방)

읽기한자

方今(방금) : 바로 이제
方道(방도) : 일에 대한 방법과 도리
東方(동방) : 동쪽 지방
前方(전방) : 적군과 마주 대하고 있는 지역
方正(방정) : 하는 일이 점잖고 바름. 물건이 네모지고 반듯함
地方(지방) : 어느 한 방면의 땅
方面(방면) : 어떤 분야

활용문

前方(전방)에서 복무하는 군인들은 추위하고도 싸워야 한다.

필순 ` 一 亠 方

方								
모 방								

放 놓을 방(:)

6급Ⅱ

攵(攴) | 4획

손(方)에 채찍(攵)을 들어 죄인을 때리고 섬으로 유배하는 것에서 떼내다(放)의 의미이다.

비 政(정사 정)
　故(연고 고)
　效(본받을 효)
　防(막을 방)

읽기한자

放生(방생) : 사람에게 잡힌 생물을 놓아서 살려 줌
放心(방심) : 마음을 다잡지 아니하고 풀어놓아 버림
放電(방전) : 축전지에 저장된 전기를 방출하는 현상

활용문

여러분들도 放心(방심)하지 말고 행동해야 합니다.

필순 ` 一 亠 方 方 扩 放 放

放								
놓을 방								

1. 다음 한자어(漢字語)의 독음을 쓰세요.

    (1) 放電 (   )   (2) 半月 (   )
    (3) 發火 (   )   (4) 班長 (   )
    (5) 反問 (   )   (6) 地方 (   )

2. 다음 한자(漢字)의 훈(訓)과 음(音)을 쓰세요.

    (1) 反 (   )   (2) 班 (   )
    (3) 發 (   )   (4) 方 (   )
    (5) 半 (   )   (6) 放 (   )

3. 다음(   )에 들어갈 한자(漢字)를 예(例)에서 찾아 그 번호를 쓰세요.

예(例)	① 反	② 發	③ 班
	④ 方	⑤ 放	⑥ 半

    (1) 水力(   )電
    (2) 中部地(   )
    (3) 作業(   )長
    (4) 正(   )對

    📝 다음 한자를 필순에 맞게 여러 번 써 보세요.

    半   反   班   發   放   方

정답

1. (1) 방전   (2) 반월   (3) 발화   (4) 반장   (5) 반문   (6) 지방
2. (1) 돌이킬/돌아올 반   (2) 나눌 반   (3) 필 발   (4) 모 방   (5) 반 반
   (6) 놓을 방
3. (1) ②   (2) ④   (3) ③   (4) ①

白

8급

흰 백

白 | 0획

햇빛(日)이 비치면 번쩍번쩍 빛나서(丿) 밝게 보이는 것에서 희다(白)는 의미이다.

[비] 百(일백 백)
　　自(스스로 자)
[반] 黑(검을 흑)

읽기 한자

半白(반백) : 흑백이 서로 반씩 섞인 머리털
白花(백화) : 흰 꽃
白文(백문) : 구두점이나 주석이 전혀 붙어 있지 않은 순수한 한문
白日場(백일장) : 시문 짓기를 겨루는 공개 행사
白紙(백지) : 아무것도 쓰거나 그리지 않은 흰 종이

쓰기 한자

白人(백인) : 백색 인종의 사람
白土(백토) : 흰 흙

활용문

靑軍(청군)과 白軍(백군)으로 나뉘어서 차전놀이가 진행 중입니다.

필순 丿 丶 白 白 白

白						
흰 백						

百

7급

일백 백

白 | 1획

하나(一)에서 일백까지 세면 크게 외쳐(白) 일단락 지은 데서 그 의미가 된 글자이다.

[비] 白(흰 백)

읽기 한자

百年大計(백년대계) : 먼 뒷날까지에 걸친 큰 계획
百發百中(백발백중) : 총, 활 같은 것이 겨눈 곳에 꼭꼭 맞음
百方(백방) : 온갖 방법, 여러 방향 또는 방면
百花(백화) : 온갖 꽃
數百(수백) : 백의 두서너 배가 되는 수, 또는 그런 수의
百姓(백성) : 국민의 예스러운 말
百家(백가) : 많은 학자 또는 작자
百年草(백년초) : 선인장

활용문

百方(백방)으로 뛰어다니기 너무 힘듭니다.

필순 一 丆 丆 石 百 百

百						
일백 백						

父

8급

아비 **부**

父 | 0획

도끼를 갖고 짐승을 잡으러가는 어른의 모습에서, 그 집의 주인 이므로 아버지(父)를 의미한다.

[반] 母(어미 모)

읽기한자

父子(부자) : 아버지와 아들
老父(노부) : 늙은 아버지
祖父(조부) : 할아버지

쓰기한자

父兄(부형) : 아버지와 형을 아울러 이르는 말
父女(부녀) : 아버지와 딸
父母(부모) : 아버지와 어머니

활용문

父母(부모)님에게 효도하는 것은 인간의 도리입니다.

바

필순 ` ´ ハ グ 父

父								
아비 부								

夫

7급

지아비 **부**

大 | 1획

갓을 쓴 사내의 모양으로 지아 비, 사내(夫)를 의미한다.

[반] 婦(며느리 부)

읽기한자

工夫(공부) : 사람의 도리를 배움
人夫(인부) : 품삯을 받고 쓰이는 사람
夫人(부인) : 남의 아내를 일컫는 존칭어
農夫(농부) : 농사짓는 일을 직업으로 하는 사람
車夫(차부) : 마차나 우차 따위를 부리는 사람

활용문

형님은 입시工夫(공부)에 여념이 없습니다.

필순 ㅡ 二 丰 夫

夫								
지아비 부								

部

6급Ⅱ

떼 **부**

阝(邑) | 8획

나라(阝)를 작게 구획(咅)한 마을에서 나누다, 부분(部)을 의미한다.

비 郞(사내 랑)
동 隊(무리 대)
반 單(홀 단)
　獨(홀로 독)
　孤(외로울 고)

<읽기한자>

部長(부장) : 한 부(部)의 우두머리
部下(부하) : 아랫사람
全部(전부) : 사물의 모두
部門(부문) : 갈라놓은 부류
部分(부분) : 전체를 몇 개로 나눈 것의 하나

<활용문>

어느 날 을지문덕 장군은 自身(자신)이 직접 적진에 다녀올 계획을 部下(부하) 장수들에게 말하였습니다.

필순 `　⌐　宀　宀　产　产　音　音　音′音阝部

部							
떼 부							

北

8급

북녘 **북**
달아날 **배**

匕 | 3획

두 사람이 서로 등을 지고 있는 모양을 본떴다.

비 兆(억조 조)
반 南(남녘 남)

<읽기한자>

北部(북부) : 북쪽의 부분
北風(북풍) : 북쪽에서 불어오는 바람
全北(전북) : 전라북도의 준말
北村(북촌) : 북쪽에 있는 마을

<쓰기한자>

北韓(북한) : 남북으로 갈린 우리나라의 북쪽
南北(남북) : 남쪽과 북쪽
北學(북학) : 조선 영조·정조 때에, 실학자들이 청나라의 앞선 문물제도 및 생활양식을 받아들일 것을 내세운 학풍

<활용문>

南北(남북)으로 갈린 우리 현실이 너무 안타깝군요.

필순 Ｉ　ｆ　ｆ　ｆ　北

北							
북녘 북							

확·인·학·습 15

1. 다음 한자어(漢字語)의 독음을 쓰세요.

(1) 半白 (　　) (2) 夫人 (　　) (3) 全部 (　　)
(4) 父子 (　　) (5) 北村 (　　) (6) 百姓 (　　)

2. 다음 한자(漢字)의 훈(訓)과 음(音)을 쓰세요.

(1) 夫 (　　) (2) 北 (　　) (3) 百 (　　)
(4) 白 (　　) (5) 父 (　　) (6) 部 (　　)

3. 다음 훈(訓)과 음(音)에 맞는 한자(漢字)를 쓰세요.

(1) 아비 부 (　　) (2) 북녘 북 (　　)
(3) 흰 백 (　　)

4. 다음(　)에 들어갈 한자(漢字)를 예(例)에서 찾아 그 번호를 쓰세요.

| 예(例) | ① 白 | ② 北 | ③ 夫 |
| | ④ 父 | ⑤ 部 | ⑥ 百 |

(1) 東西南(　) (2) 共用(　)分
(3) (　)年大計 (4) (　)生母育

✏️ 다음 한자를 필순에 맞게 여러 번 써 보세요.

百　白　部　夫　父　北

정답
1. (1) 반백　(2) 부인　(3) 전부　(4) 부자　(5) 북촌　(6) 백성
2. (1) 지아비 부 (2) 북녘 북/달아날 배　(3) 일백 백　(4) 흰 백　(5) 아비 부
(6) 떼 부
3. (1) 父　(2) 北　(3) 白
4. (1) ②　(2) ⑤　(3) ⑥　(4) ④

分

6급 II

나눌 분(:)

刀 | 2획

한 자루의 막대봉을 칼(刀)로서 두 개로 나누는(八) 것에서 나누다(分)는 의미이다.

- 비 今(이제 금)
- 동 區(나눌 구)
  配(나눌 배)
  別(나눌 별)
- 반 合(합할 합)

 읽기한자

分明(분명) : 흐리지 않고 똑똑함
分業(분업) : 손을 나눠서 일함
名分(명분) : 표면상의 이유

활용문

백열전구를 만든 것은 그 일의 한 部分(부분)에 지나지 않았다.

필순 ノ 八 今 分

分							
나눌 분							

不

7급 II

아닐 불

一 | 3획

〈~하지 않다. ~이 아니다〉라고 말하는 것처럼 말을 부정하는 의미이다.

- 비 丕(클 비)
- 동 未(아닐 미)
  否(아닐 부)

읽기한자

不利(불리) : 해로움
不分明(불분명) : 분명하지 못함
不幸(불행) : 행복하지 못함
不和(불화) : 사이가 서로 화합하지 못함
不平(불평) : 마음에 들지 않아 못마땅하게 여김
不正(부정) : 바르지 않음, 옳지 않음
不足(부족) : 넉넉하지 못함, 모자람
不孝(불효) : 어버이를 효성스럽게 잘 섬기지 아니하는 행위

활용문

별일은 없는지 너무 不安(불안)합니다.

필순 一 ナ 不 不

不							
아닐 불							

四

8급

넉 **사:**

口 | 2획

막대기 넷을 세로로 놓고 모양을 보기 좋게 변형하였다.

비 匹(짝 필)
  西(서녘 서)

📖 **읽기한자**

四角(사각) : 네 개의 각
四部(사부) : 네 개의 부서
四方(사방) : 동 · 서 · 남 · 북 네 방위를 통틀어 이르는 말
四海(사해) : 사방의 바다

✏️ **쓰기한자**

四寸(사촌) : 삼촌의 아들 · 딸
四民(사민) : 온 백성

💬 **활용문**

四寸(사촌) 형은 이번에 사법고시를 통과했습니다.

✍️ **필순** 丨 冂 冂 四 四

四							
넉 사							

事

7급 II

일 **사:**

亅 | 7획

역술사는 여러 가지를 점치는 것이 직업이라는 데서 일, 직업(事)을 의미한다.

비 車(수레 거/차)
동 業(업/일 업)

📖 **읽기한자**

事業(사업) : 일. 일정한 목적과 계획 밑에서 경영하는 경제적 활동
成事(성사) : 일을 이룸
事後(사후) : 무슨 일을 치르거나 손댄 뒤
事物(사물) : 일과 물건
人事(인사) : 남에게 공경하는 뜻으로 하는 예의

💬 **활용문**

事前(사전)에 그 일이 있을 것이라고 말을 했어야죠.

✍️ **필순** 一 ㄱ ㅋ ㅋ ㅋ 月 写 亭 事

事							
일 사							

사

본문학습 **87**

社

6급 II

모일 **사**

示 | 3획

물건을 낳아주는 흙(土)을 공경해 제사하는(示) 것에서 토지신, 동료, 사회(社)를 의미한다.

비 祈(빌 기)
　祀(제사 사)
동 會(모을 회)
　集(모일 집)

 읽기한자

社會(사회) : 같은 무리끼리 모여 이루는 집단
社運(사운) : 회사의 운명
社長(사장) : 회사의 우두머리

활용문

電信會社(전신회사)에 다니다 뉴욕으로 간 그는 고장 난 기계를 새로 만들어 주고 큰돈을 받았다.

필순 一 二 亍 示 示 示 示 社 社

社							
모일 사							

山

8급

메 **산**

山 | 0획

멀리서 본 산의 모양을 본떴다.

반 川(내 천)
　江(강 강)
　海(바다 해)

 읽기한자

山神(산신) : 산을 맡아 지킨다는 신
山村(산촌) : 산 속에 있는 마을
山草(산초) : 산에 나는 풀
山間(산간) : 산과 산 사이에 산골짜기가 많은 곳
山林(산림) : 산에 우거진 숲

쓰기한자

靑山(청산) : 풀과 나무가 무성한 푸른 산
南山(남산) : 남쪽의 산
山中(산중) : 산 속
先山(선산) : 조상의 무덤이 있는 산

활용문

아버지는 일요일마다 登山(등산)을 하십니다.

필순 丨 山 山

山							
메 산							

확·인·학·습 16

1. 다음 한자어(漢字語)의 독음을 쓰세요.

(1) 分明 (　　　) (2) 社會 (　　　) (3) 事業 (　　　)
(4) 不平 (　　　) (5) 四寸 (　　　) (6) 山神 (　　　)

2. 다음 한자(漢字)의 훈(訓)과 음(音)을 쓰세요.

(1) 不 (　　　) (2) 社 (　　　) (3) 四 (　　　)
(4) 山 (　　　) (5) 分 (　　　) (6) 不 (　　　)

3. 다음 훈(訓)과 음(音)에 맞는 한자(漢字)를 쓰세요.

(1) 넉 사 (　　　) (2) 메 산 (　　　)

4. 다음(　)에 들어갈 한자(漢字)를 예(例)에서 찾아 그 번호를 쓰세요.

| 예(例) | ① 事 | ② 四 | ③ 不 |
| | ④ 分 | ⑤ 山 | ⑥ 社 |

(1) (　)會生活 (2) 身土(　)二
(3) (　)字成語 (4) (　)戰水戰

✏️ 다음 한자를 필순에 맞게 여러 번 써 보세요.

分　不　社　事　四　山

정답

1. (1) 분명 (2) 사회 (3) 사업 (4) 불평 (5) 사촌 (6) 산신
2. (1) 아닐 불 (2) 모일 사 (3) 넉 사 (4) 메 산 (5) 나눌 분 (6) 아닐 불
3. (1) 四 (2) 山
4. (1) ⑥ (2) ③ (3) ② (4) ⑤

확인학습 16　　**89**

算

7급

셈 산:

竹 | 8획

조개(貝)를 양손(廾)에 갖고 장난을 하듯이 대나무(竹) 막대로 수를 센다(算)는 의미이다.

동 數(셈 수)

읽기한자

計算(계산) : 셈을 헤아림
算出(산출) : 계산하여 냄
口算(구산) : 입으로 계산함
算數(산수) : 셈 공부
心算(심산) : 속셈

활용문

나는 돈벌이나 할 心算(심산)으로 그 일을 택한 것은 아닙니다.

필순 ノ ノ ナ ナ ナ 竺 竺 竺 竹 笞 筲 筲 筲 筲 算 算

算								
셈 산								

三

8급

석 삼

一 | 2획

막대기 셋(三)을 가로로 놓은 모양을 본떴다.

읽기한자

三代(삼대) : 조부와 아버지와 아들
作心三日 (작심삼일) : 결심이 삼일을 가지 못함
三男(삼남) : 셋째 아들
三面(삼면) : 세 방면
三色(삼색) : 세 가지의 빛깔

쓰기한자

三國(삼국) : 세 나라
三軍(삼군) : 육군, 해군, 공군
三南(삼남) : 충청도, 전라도, 경상도

활용문

어머니는 우리 三男(삼남)매를 키우시느라 고생이 많으셨다.

필순 一 二 三

三								
석 삼								

7급II

上

윗　상:

一 | 2획

중앙에 선을 한(一) 줄 쓰고 그 위에 표시한 점(卜)의 모양에서 위(上)을 의미한다.

반 下(아래 하)

읽기한자

上體(상체) : 몸의 윗 부

上空(상공) : 높은 하늘

上記(상기) : 위에 적음, 또는 그 글귀

上水道(상수도) : 도시의 음료수를 계통적으로 급수하는 설비

활용문

그녀는 上氣(상기)된 얼굴로 다가왔다.

필순 丨 丄 上

上							
윗 상							

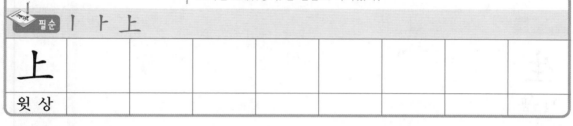

7급

色

빛　색

色 | 0획

눈표적은 안색이나 의복의 색깔이다라는 것에서 색(色)을 의미한다.

비 邑(고을 읍)

동 光(빛 광)

읽기한자

和色(화색) : 얼굴에 드러난 환한 빛

色紙(색지) : 물감을 들인 종이, 색종이

白色(백색) : 흰 색

正色(정색) : 장난기 없이 진지함

활용문

名色(명색)이 사장인데 그럴 리는 없을 거야.

필순 丿 ⺈ ⺈ 冎 刍 色

色							
빛 색							

生

8급

날　생

生 | 0획

흙 속에서 눈이 나오는 모습에서 싹이 트다, 태어나다(生)라는 의미이다.

동 出(날 출)
반 死(죽을 사)

읽기한자

生成(생성) : 사물이 생겨남
發生(발생) : 생겨남. 일이 비롯하여 일어남
生計(생계) : 살아나갈 방도　　　平生(평생) : 일생
放生(방생) : 사람에게 잡힌 생물을 놓아서 살려 줌
生動(생동) : 생기있게 살아 움직임
生命(생명) : 사람이 살아서 숨쉬고 활동할 수 있게 하는 힘
生活(생활) : 사람이나 동물이 일정한 환경에서 활동하며 살아감

쓰기한자

民生(민생) : 국민의 생활　　　生年(생년) : 태어난 해
生長(생장) : 나서 자람

활용문

그는 아직도 아이의 出生(출생)신고를 하지 않았다.

필순 ノ ト ヒ 牛 生

生							
날 생							

西

8급

서녘　서

襾 | 0획

해가 서쪽에서 기울 무렵 새가 집으로 들어가는 것에서 서쪽(西)을 의미한다.

비 酉(닭 유)
　四(넉 사)
반 東(동녘 동)

읽기한자

西風(서풍) : 서쪽에서 불어오는 바람
西面(서면) : 앞을 서쪽으로 향함
西方(서방) : 서쪽 지방
西海(서해) : 서쪽에 있는 바다

쓰기한자

東西(동서) : 동쪽과 서쪽
西門(서문) : 서쪽의 문
西山(서산) : 서쪽의 산

활용문

東西(동서)간의 화합은 아주 중요합니다.

필순 一 西

西							
서녘 서							

1. 다음 한자어(漢字語)의 독음을 쓰세요.

(1) 生成 (   ) (2) 白色 (   ) (3) 西風 (   )

(4) 上記 (   ) (5) 三面 (   ) (6) 口算 (   )

2. 다음 한자(漢字)의 훈(訓)과 음(音)을 쓰세요.

(1) 上 (   ) (2) 算 (   ) (3) 色 (   )

(4) 三 (   ) (5) 生 (   ) (6) 西 (   )

3. 다음 훈(訓)과 음(音)에 맞는 한자(漢字)를 쓰세요.

(1) 날 생 (   )   (2) 서녘 서 (   )

(3) 석 삼 (   )

4. 다음(   )에 들어갈 한자(漢字)를 예(例)에서 찾아 그 번호를 쓰세요.

예(例)	① 色	② 三	③ 上
	④ 算	⑤ 西	⑥ 生

(1) 學(   )新聞   (2) 作心(   )日

(3) (   )下左右   (4) 各人各(   )

✏️ **다음 한자를 필순에 맞게 여러 번 써 보세요.**

算   三   上   色   生   西

정답

1. (1) 생성 (2) 백색 (3) 서풍 (4) 상기 (5) 삼면 (6) 구산
2. (1) 윗 상 (2) 셈 산 (3) 빛 색 (4) 석 삼 (5) 날 생 (6) 서녘 서
3. (1) 生 (2) 西 (3) 三
4. (1) ⑥ (2) ② (3) ③ (4) ①

書 글 서

6급 II

日 | 6획

붓(聿)으로 종이(日)에 글자를 쓰고 있는 형태에서 쓰다, 서적(書)을 의미한다.

- 비 晝(낮 주)
- 畫(그림 화)

📖읽기한자

書堂(서당) : 글방
書信(서신) : 편지
書體(서체) : 글씨의 모양
書記(서기) : 기록을 맡아 보는 사람

활용문

그 後(후)로 教科書(교과서)나 동화집, 그리고 잡지나 신문을 읽다가 모르는 말이 나오면 곧 국어 사전을 찾아보곤 하였다.

필순 ㄱ ㄱ ㄱ 글 글 글 글 書 書 書

書							
글 서							

夕 저녁 석

7급

夕 | 0획

해가 저물고 달이 뜨기 시작할 무렵의 모습에서 저녁(夕)을 의미한다.

- 동 夜(밤 야)
- 반 朝(아침 조)
- 旦(아침 단)

📖읽기한자

秋夕(추석) : 한가위
夕食(석식) : 저녁 식사
夕日(석일) : 저녁때의 해. 석양

활용문

七夕(칠석)은 음력으로 칠월 초이렛날을 말한다.

필순 ノ ク 夕

夕							
저녁 석							

先

8급

먼저 선

儿 | 4획

풀 눈이 쭉쭉 뻗치는 것(生)과 사람이 걸어서(儿) 앞으로 나가기에 먼저(先)라는 의미이다.

동 前(앞 전)
반 後(뒤 후)

읽기한자

先代(선대) : 이전의 대. 조상의 세대
先後(선후) : 먼저와 나중
先手(선수) : 기선을 제하여 공격의 위치에 섬
先子(선자) : 예전에 살았던 사람
先祖(선조) : 먼저 산 조상

쓰기한자

先生(선생) : 스승. 교원에 대한 일컬음
先學(선학) : 선배 학자
先山(선산) : 조상의 무덤이 있는 산

활용문

先發(선발)대로 출발했으니 곧 올 것이다.

필순 ' ﾉ ﾝ ﾉ 生 朱 先

先							
먼저 선							

線

6급 II

줄 선

糸 | 9획

샘물(泉)이 솟아올라 실(糸)이 가늘고 길게 이어져 실처럼 가늘고 긴 선(線)을 의미한다.

비 終(마칠 종)

읽기한자

光線(광선) : 빛의 줄기
戰線(전선) : 전투 부대의 배치선
直線(직선) : 곧은 줄
一線(일선) : 하나의 선
地平線(지평선) : 하늘과 땅이 맞닿아 보이는 경계
電線(전선) : 전기를 통하는 도체로 쓰는 금속선

활용문

電線(전선)에 감전되지 않도록 조심하세요.

필순 ' ﾑ ﾑ ﾉ 幺 幺 糸 糸 糸' 糹 約 紵 絈 絈 約 紵 線 線

線							
줄 선							

雪

6급 II

눈 설

雨 | 3획

비(雨)처럼 하늘에서 내려와서, 손바닥(⺕)에 올릴 수 있는 눈(雪)을 가리키는 말이다.

비 雲(구름 운)
電(번개 전)

읽기한자

雪天(설천) : 눈이 오는 하늘
大雪(대설) : 많은 눈
白雪(백설) : 흰 눈

활용문

白雪公主(백설공주)가 너무 아름답습니다.

필순 一 ㄱ 厂 厅 币 乘 乘 雫 雫 雪 雪 雪

雪							
눈 설							

姓

7급 II

성 성:

女 | 5획

여자(女)가 아기를 낳으면(生) 그 아기에게 성(姓)이 붙는다는 의미이다.

비 性(성품 성)

읽기한자

姓字(성자) : 성을 표시하는 글자
同姓(동성) : 같은 성
國姓(국성) : 성과 본이 임금과 같은 성
姓名(성명) : 성과 이름

활용문

철수와 나는 同姓(동성)이다.

필순 ㄑ 乄 ㄠ 女 女' 女⼀ 姓 姓

姓							
성 성							

확·인·학·습 18

1. 다음 한자어(漢字語)의 독음을 쓰세요.

    (1) 秋夕 (   )   (2) 一線 (   )
    (3) 先祖 (   )   (4) 國姓 (   )
    (5) 大雪 (   )   (6) 書堂 (   )

2. 다음 한자(漢字)의 훈(訓)과 음(音)을 쓰세요.

    (1) 先 (   )   (2) 線 (   )
    (3) 雪 (   )   (4) 書 (   )
    (5) 姓 (   )   (6) 夕 (   )

3. 다음(   )에 들어갈 한자(漢字)를 예(例)에서 찾아 그 번호를 쓰세요.

예(例)	① 夕	② 線	③ 先
	④ 姓	⑤ 雪	⑥ 書

    (1) 白(   )公主
    (2) 同(   )同名
    (3) 百科全(   )
    (4) 學校(   )生

✎ 다음 한자를 필순에 맞게 여러 번 써 보세요.

    書   夕   線   先   雪   姓

정답

1. (1) 추석   (2) 일선   (3) 선조   (4) 국성   (5) 대설   (6) 서당
2. (1) 먼저 선 (2) 줄 선 (3) 눈 설 (4) 글 서 (5) 성 성 (6) 저녁 석
3. (1) ⑤   (2) ④   (3) ⑥   (4) ③

成

6급 II

이룰 **성**

戈 | 3획

도끼(戈)로 몇 번이고 나무를 깎아(丁)서 물건을 만드는 것에서 충분히 완성되다(成)는 의미이다.

ⓑ 城(재 성)
ⓓ 就(나아갈 취)
　達(통달할 달)
ⓟ 敗(패할 패)

읽기한자

成功(성공) : 목적을 이룸
成果(성과) : 이루어진 결과
成事(성사) : 일을 이룸
成立(성립) : 사물이 이루어짐
成分(성분) : 물체를 이루는 바탕이 되는 원질
成長(성장) : 자라서 점점 커짐

활용문

飮食物(음식물)이 사람의 몸을 자라게 하듯이 책은 사람의 마음을 成長(성장)시킵니다.

필순 丿 厂 厂 厈 成 成 成

成								
이룰 성								

省

6급 II

살필 **성**
덜 **생**

目 | 4획

눈(目)을 가늘게(少) 뜨고 잘 본다는 것에서 주의해서 잘 본다, 잘 생각한다(省)는 의미이다.

ⓑ 看(볼 간)
　劣(못할 렬)
ⓓ 察(살필 찰)
　略(줄일 략)

읽기한자

反省(반성) : 자기의 과거의 행위에 대하여 스스로 그 선악 · 가부를 고찰함
自省(자성) : 스스로 반성함
省力(생력) : 힘을 덞
人事不省(인사불성) : 정신을 잃고 의식을 모름

활용문

反省(반성)을 하고 있으니까.

필순 丿 亅 小 小 少 少 省 省 省 省

省								
살필 성								

世 7급II

인간 세:

一 | 4획

옛날 30년을 '일세'라 하여, 연 수가 긴 것을 나타내고, 〈세월의 단락〉의 의미로 사용했다.

비 也(이끼 야)

읽기한자

世代(세대) : 여러 대
世界(세계) : 온 세상
現世(현세) : 지금 세상
世上(세상) : 사람이 살고 있는 온 누리
後世(후세) : 나중 세상
世道(세도) : 세상을 올바르게 다스리는 도리

활용문

全世界(전세계) 사람들이 월드컵에 열광하고 있습니다.

필순 一 十 廿 廿 世

世							
인간 세							

小 8급

작을 소:

小 | 0획

칼(丿)로 나누면(八) 크기가 작아진다(小)는 의미이다.

비 少(적을 소)
동 微(작을 미)
반 大(큰 대)

읽기한자

小計(소계) : 한 부분만의 합계
小作(소작) : 남의 땅을 빌려 농사를 지음
弱小(약소) : 약하고 작음
小心(소심) : 주의 깊다. 속이 좁다
小數(소수) : 0보다 크고 1보다 작은 수
小話(소화) : 짤막한 이야기

쓰기한자

中小(중소) : 규모나 수준 따위가 중간 정도인 것과 그 이하인 것
大小(대소) : 크고 작음
小國(소국) : 작은 나라

활용문

小雪(소설)은 24절기의 하나로 입동과 대설 사이에 있습니다.

필순 丿 亅 小

小							
작을 소							

7급

少

적을 **소:**

小 | 1획

작은 것(小)을 나누면(丿) 더욱
작아진다는 것에서 적다(少)는
의미이다.

비 小(작을 소)
반 多(많을 다)
　老(늙을 로)

읽기한자

老少(노소) : 늙은이와 젊은이
少年(소년) : 아직 완전히 성숙하지 않은 어린 사내아이
少女(소녀) : 아직 완전히 성숙하지 않은 어린 여자아이
少年軍(소년군) : 보이 스카우트
少數(소수) : 적은 수효

활용문

少數(소수)만이 그 시위에 참가했을 뿐이다.

필순 丿 小 小 少

少								
적을 소								

7급

所

바 **소:**

戶 | 4획

나무를 자르는(斤) 곳(戶)이 소
리가 나는 곳을 말하는 것에서
장소(所)를 의미한다.

읽기한자

所信(소신) : 믿는 바
急所(급소) : 신체 중에서 그 곳을 해치면 생명에 관계되는 부분
現住所(현주소) : 현재 살고 있는 곳
所有(소유) : 가진 물건, 또 가짐
場所(장소) : 어떤 일이 이루어지거나 일어나는 곳
住所(주소) : 사는 곳

활용문

住所(주소)가 정확하지 않습니다.

필순 丶 冫 彐 戶 戶 所 所 所

所								
바 소								

1. 다음 한자어(漢字語)의 독음을 쓰세요.

   (1) 老少 (   ) (2) 成果 (   ) (3) 反省 (   )
   (4) 小心 (   ) (5) 所有 (   ) (6) 世上 (   )

2. 다음 한자(漢字)의 훈(訓)과 음(音)을 쓰세요.

   (1) 成 (   ) (2) 少 (   ) (3) 省 (   )
   (4) 世 (   ) (5) 小 (   ) (6) 所 (   )

3. 다음 훈(訓)과 음(音)에 맞는 한자(漢字)를 쓰세요.

   (1) 먼저 선 (   )
   (2) 작을 소 (   )

4. 다음(   )에 들어갈 한자(漢字)를 예(例)에서 찾아 그 번호를 쓰세요.

예(例)	① 少	② 省	③ 世
	④ 小	⑤ 成	⑥ 所

   (1) 男女老(   )   (2) (   )界大戰
   (3) 人事不(   )   (4) 弱(   )國家

   ✏️ 다음 한자를 필순에 맞게 여러 번 써 보세요.

   成   省   世   少   所   小

정답

1. (1) 노소   (2) 성과   (3) 반성   (4) 소심   (5) 소유   (6) 세상
2. (1) 이룰 성 (2) 적을 소 (3) 살필 성, 덜 생 (4) 인간 세 (5) 작을 소 (6) 바 소
3. (1) 先   (2) 小
4. (1) ①   (2) ③   (3) ②   (4) ④

消

6급 II

사라질 **소**

氵(水) | 7획

물(氵)이 점점 줄어가는 것(肖)에서 사라지다, 없어지다(消)라는 의미이다.

[반] 顯(나타날 현)
　　現(나타날 현)

消風(소풍) : 답답한 마음을 풀기 위해 바람을 쐼
消日(소일) : 하는 일 없이 세월을 보냄
消火(소화) : 불을 끔

활용문

할머니에게는 消日(소일)거리가 필요하다.

필순 ` ` 丶 氵 氵 氵 氵 氵 氵 消 消 消

消								
사라질 소								

水

8급

물 **수**

水 | 0획

냇물의 움직임을 나타낸 모양을 의미한다.

[비] 氷(얼음 빙)
[반] 火(불 화)

藥水(약수) : 약물
水理(수리) : 땅 속에 흐르는 물의 줄기
水上(수상) : 물의 위, 또는 물길
食水(식수) : 먹는 물
水草(수초) : 물속이나 물가에 자라는 풀

쓰기한자

山水(산수) : 산과 물이라는 뜻으로, 경치를 이르는 말
水門(수문) : 물의 흐름을 막거나 유량을 조절하기 위하여 설치한 문

활용문

홍수를 막기 위해 水門(수문)을 열어둘 필요가 있다.

필순 丨 刁 水 水

水								
물 수								

7급 II

手 손 수(:)

手 | 0획

다섯 개의 손가락과 손바닥과 팔의 형태에서 손(手)을 의미한다.

[반] 足(발 족)

읽기 한자

手術(수술) : 피부나 조직을 외과 기구로 째거나 자르거나 하여 병을 다스리는 일

自手成家(자수성가) : 물려받은 재산이 없는 사람이 제 힘으로 한 살림을 이룩함

旗手(기수) : 깃발을 든 사람　　　手動(수동) : 손으로 움직임

歌手(가수) : 노래를 부르는 것을 직업으로 삼는 사람

手工(수공) : 손으로 만든 공예　　　手足(수족) : 손발

木手(목수) : 나무를 다듬어 집이나 물건을 만드는 사람

활용문

그는 아프신 어머니의 手足(수족)이 되어 정성으로 간호했다.

필순 ` = 三 手

手									
손 수									

7급

數 셈 수:

攵(攴) | 11획

드문 드문 흩어져 있는(婁) 물건을 막대기를 들고 돌아다니며 치면서(攵) 하나 둘 셈하는 데서, '셈, 세다'(數)는 의미이다.

[비] 樓(다락 루)
[동] 算(셈 산)
[약] 数

읽기 한자

數理(수리) : 수학의 이론이나 이치

等數(등수) : 차례를 매겨 붙인 번호

分數(분수) : 어떤 정수를 다른 정수로 나눈 결과를 가로줄을 그어 나타낸 수

數萬(수만) : 만의 두서너 배가 되는 수

數日(수일) : 두서너 날

數學(수학) : 수나 양 및 공간의 도형에 있어서의 온갖 관계를 연구하는 학문

활용문

數萬(수만)명의 군사가 일제히 포를 쏘아댔다.

필순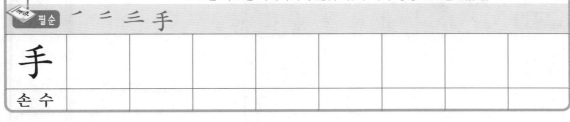

數									
셈 수									

術

6급 II

재주 **술**

行 | 5획

차조(朮) 줄기처럼 쭉 뻗어있는 길(行)에서, '길'의 의미이다. 여기에서, '꾀, 재주'(術)의 뜻이 나왔다.

비 述(펼 술)
동 技(재주 기)
　藝(재주 예)

읽기한자

道術(도술) : 도가나 도사의 조화를 부리는 술법
手術(수술) : 피부나 기타의 조직을 외과 기구로 째거나 자르거나 하여 병을 다스리는 일
戰術(전술) : 전쟁 실시의 방책
話術(화술) : 말재주

활용문

다음 美術(미술)시간에는 색종이를 준비해 오세요.

필순 ` ノ 彳 千 千 针 祊 術 術 術 術 術

術								
재주 술								

市

7급 II

저자 **시:**

巾 | 2획

천(巾)을 사러 가는(亠) 곳이니 저자, 시장(市)이라는 의미이다.
비 示(보일 시)

읽기한자

門前成市(문전성시) : 집 앞이 방문객으로 시장을 이루다시피 함
市內(시내) : 시의 구역 안
市立(시립) : 시에서 설립하여 관리·유지함
市場(시장) : 많은 물건을 모아 놓고 사고파는 곳
市中(시중) : 도시의 안

활용문

市內(시내)버스를 타도 그 곳에 갈 수 있습니까?

필순 ` 亠 亠 方 市

市								
저자 시								

1. 다음 한자어(漢字語)의 독음을 쓰세요.

(1) 手動 (   )   (2) 消火 (   )
(3) 水中 (   )   (4) 數日 (   )
(5) 道術 (   )   (6) 市場 (   )

2. 다음 한자(漢字)의 훈(訓)과 음(音)을 쓰세요.

(1) 消 (   )   (2) 水 (   )
(3) 術 (   )   (4) 手 (   )
(5) 數 (   )   (6) 市 (   )

3. 다음(   )에 들어갈 한자(漢字)를 예(例)에서 찾아 그 번호를 쓰세요.

예(例)	① 術	② 數	③ 市
	④ 手	⑤ 水	⑥ 消

(1) (   )理科學   (2) 樂山樂(   )
(3) (   )民社會   (4) 自(   )成家

✏ 다음 한자를 필순에 맞게 여러 번 써 보세요.

消   手   數   水   術   市

정답

1. (1) 수동   (2) 소화   (3) 수중   (4) 수일   (5) 도술   (6) 시장
2. (1) 사라질 소 (2) 물 수   (3) 재주 술   (4) 손 수   (5) 셈 수   (6) 저자 시
3. (1) ②   (2) ⑤   (3) ③   (4) ④

時 때 시

7급 Ⅱ

日 | 6획

태양(日)이 일한다(寺)는 것은 시간이 경과한다는 것으로 시간의 길이(時)를 의미한다.

비 寺(절 사)
　侍(모실 시)
동 辰(때 신)

읽기한자

時計(시계) : 시간의 측정이나 시각의 지시에 쓰이는 장치
時急(시급) : 시간이 절박하여 몹시 급함
時代(시대) : 그 당시
今時(금시) : 지금
時間(시간) : 세월의 흐름
時世(시세) : 그 때의 세상
時空(시공) : 시간과 공간
日時(일시) : 날짜와 시간을 아울러 이르는 말

활용문

이 시계는 時間(시간)이 잘 맞습니까?

필순 丨 冂 日 日 日⁻ 日⁺ 旪 昧 時 時

時							
때 시							

始 비로소 시:

6급 Ⅱ

女 | 5획

인간은 여인(女)으로부터 태어나 길러(台)지게 되니 시초(始)라는 의미이다.

동 初(처음 초)
반 末(끝 말)
　終(마칠 종)

읽기한자

始動(시동) : 처음으로 움직임
始發(시발) : 맨 처음의 출발이나 발차
始作(시작) : 처음으로 함
始祖(시조) : 한 겨레의 맨 처음되는 조상

활용문

이튿날 아침 에디슨은 다시 실험을 始作(시작)했다.

필순 𠄌 𡧄 女 女⁻ 妒 妒 始 始

始							
비로소 시							

食 7급 II
밥
먹을 **식**

食 | 0획

밥(良)을 그릇에 모아(人) 담은 모양에서 밥, 먹다(食)는 의미이다.

동 飯(밥 반)
  餐(밥 찬)

사

📖읽기한자

食堂(식당) : 식사를 하도록 설비하여 놓은 방
食代(식대) : 먹은 음식값
食道樂(식도락) : 여러 음식을 두루 맛보는 것을 즐거움으로 삼는 일
會食(회식) : 여럿이 모여 함께 음식을 먹는 일
食口(식구) : 한 집안에 살며 끼니를 함께 하는 사람
食前(식전) : 밥을 먹기 전
食事(식사) : 끼니로 음식을 먹음 또는 그 음식
火食(화식) : 불에 익힌 음식을 먹음 또는 그 음식

활용문
우리 食口(식구)는 모두 10명입니다.

필순 ノ 人 人 今 今 今 食 食 食

食								
밥 식								

植 7급
심을 **식**

木 | 8획

나무(木)를 똑바로(直) 세워서 키우는 것에서 심다(植)는 의미이다.

비 稙(올벼 직)
반 拔(뽑을 발)

📖읽기한자

植字(식자) : 인쇄소에서 활자로 판을 짜는 일
植木(식목) : 나무를 심음 또는 그 나무
植物(식물) : 생물계에서 동물과 둘로 크게 구분되는 일군의 생물의 총칭

활용문
4월 5일은 植木日(식목일)입니다.

필순 一 十 才 木 札 柿 柿 枯 枯 栖 植 植

植								
심을 식								

信

6급II

믿을 **신:**

亻(人) | 7획

사람(人) 말(言)에는 거짓이 없어야 하는데, 신령에게 맹세한다고 해서 믿다(信)는 의미이다.

비 計(셀 계)
　 訃(부고 부)

信心(신심) : 종교를 믿는 마음
信用(신용) : 믿고 씀
書信(서신) : 편지
所信(소신) : 믿는 바

활용문

나는 自信(자신)있게 대답하였다.

필순 ノ 亻 亻 亻 亻 信 信 信 信

信								
믿을 신								

身

6급II

몸 **신**

身 | 0획

아기를 갖게 되면 몸을 소중히 보살피는 것에서 몸, 알맹이(身)를 의미한다.

동 體(몸 체)
반 心(마음 심)

身上(신상) : 개인에 관한 일
身體(신체) : 사람의 몸
代身(대신) : 남을 대리함
身分(신분) : 개인의 사회적 지위
身長(신장) : 사람의 키

활용문

오늘은 學校(학교)에서 身體(신체)검사를 했다.

필순 ノ 亻 亻 亻 身 身 身

身								
몸 신								

확·인·학·습 21

1. 다음 한자어(漢字語)의 독음을 쓰세요.

(1) 時急 (   )   (2) 植物 (   )
(3) 始祖 (   )   (4) 所信 (   )
(5) 出身 (   )   (6) 食堂 (   )

2. 다음 한자(漢字)의 훈(訓)과 음(音)을 쓰세요.

(1) 植 (   )   (2) 食 (   )
(3) 信 (   )   (4) 時 (   )
(5) 始 (   )   (6) 身 (   )

3. 다음(   )에 들어갈 한자(漢字)를 예(例)에서 찾아 그 번호를 쓰세요.

예(例)	① 身	② 植	③ 時
	④ 信	⑤ 食	⑥ 始

(1) 神話(   )代
(2) 國家(   )用
(3) 草(   )動物
(4) (   )木日

✎ 다음 한자를 필순에 맞게 여러 번 써 보세요.

始   時   植   食   信   身

정답

1. (1) 시급   (2) 식물   (3) 시조   (4) 소신   (5) 출신   (6) 식당
2. (1) 심을 식 (2) 밥/먹을 식 (3) 믿을 신 (4) 때 시   (5) 비로소 시 (6) 몸 신
3. (1) ③   (2) ④   (3) ⑤   (4) ②

新

6급 II

새 **신**

斤 | 9획

도끼(斤)로 막 자른(立) 생나무
(木)의 모양에서 새롭다, 처음
(新)을 의미한다.

- ⓑ 親(친할 친)
- ⓑ 舊(예 구)
  古(예 고)

읽기한자

新聞(신문) : 새로운 소식
新書(신서) : 새로 간행된 책
新世代(신세대) : 새로운 세대
新作(신작) : 새로 지어 만듦
新正(신정) : 새해의 첫머리

활용문

그는 디트로이트와 포트 휴런을 왕래하는 열차에서 과일, 채소, 新聞(신문)
을 팔았다.

필순 ` ㅡ ㅗ ㅗ ㅎ ㅍ ㅍ 辛 辛 辛 新 新 新 新

新						
새 신						

神

6급 II

귀신 **신**

示 | 5획

번개처럼 일어(申)나는 힘을 두
려워해 신령님을 제사하(示)는
것에서 신(神)을 의미한다.

- ⓑ 祖(할아비 조)
- ⓓ 鬼(귀신 귀)

읽기한자

神明(신명) : 하늘과 땅의 신령
神主(신주) : 죽은 사람의 위를 베푸는 나무 패
神話(신화) : 어떤 신격을 중심으로 한 하나의 전승적인 설화

활용문

단군神話(신화)에서 왜 마늘하고 쑥을 먹으라고 했을까요?

필순 ` ㅡ ㅜ 亍 亍 示 示 和 和 和 神

神						
귀신 신						

室

8급

집 실

宀 | 6획

사람이 잠자는 침실은 집(宀) 안쪽에 있는(至) 것에서 방, 거처(室)를 의미한다.

비 至(이를 지)
동 家(집 가)
　 堂(집 당)

읽기한자

圖書室(도서실) : 도서를 모아두고 열람하게 하는 방
音樂室(음악실) : 음악을 연주할 때만 쓰는 방
家室(가실) : 집 안이나 안방
室內(실내) : 방이나 건물 따위의 안
地下室(지하실) : 어떤 건물 아래에 땅을 파고 만들어 놓은 방

쓰기한자

室長(실장) : 부서의 우두머리
教室(교실) : 학습 활동이 이루어지는 방

활용문

매일매일 教室(교실)청소를 해야 합니다.

필순 ` 丶 宀 宀 宀 宔 宔 室 室

室								
집 실								

心

7급

마음 심

心 | 0획

옛날 사람은 무언가를 생각하는 마음의 활용이 심장에 있다고 생각하여, 마음(心)을 의미한다.

반 身(몸 신)

읽기한자

心理(심리) : 마음의 움직임
童心(동심) : 어린이의 마음
作心三日(작심삼일) : 결심이 삼일을 가지 못함
心身(심신) : 몸과 마음
中心(중심) : 가운데
心氣(심기) : 마음으로 느끼는 기분
重心(중심) : 중력의 중심
心地(심지) : 마음의 본바탕. 마음자리
心事(심사) : 마음에 새기는 일

활용문

아버지의 心氣(심기)가 많이 불편하십니다.

필순 ` 心 心 心

心								
마음 심								

十 열 십 **8급**
十 | 0획

1에서 10까지의 전부를 한 자루에 쥔 모양을 본떴다.

十里(십리) : 약 4킬로미터
十字(십자) : '十' 자와 같은 모양
十全(십전) : 모두 갖추어져서 결점이 없음

十長生(십장생) : 오래도록 살고 죽지 않는다는 열 가지. 해, 산, 물, 돌, 구름, 소나무, 불로초, 거북, 학, 사슴이다.
十萬(십만) : 만의 열배가 되는 수
十月(시월) : 열두달 가운데 열 번째 달

우리는 농구 경기에서 실력을 十分(십분) 발휘했다.

필순 一 十

十							
열 십							

安 편안 안 **7급 II**
宀 | 3획

집안(宀)에 여인(女)이 있어 집을 지키면 가정이 평화롭다는 데서 편안하다(安)는 의미이다.

비 宋(성 송)
동 康(편안 강)
  便(편할 편)
  逸(편안할 일)

便安(편안) : 불편이 없음
安心(안심) : 근심 걱정이 없고 마음이 편안함
安住(안주) : 편안하게 삶
問安(문안) : 웃어른에게 안부를 여쭘
不安(불안) : 걱정되어 마음이 편하지 않음
平安(평안) : 무사하여 마음에 걱정이 없음

부모님에게 問安(문안)인사를 드리러 갑니다.

필순 丶 丷 宀 灾 安 安

安							
편안 안							

1. 다음 한자어(漢字語)의 독음을 쓰세요.

(1) 新聞 (   ) (2) 中心 (   ) (3) 安住 (   )
(4) 神話 (   ) (5) 十全 (   ) (6) 地下室 (   )

2. 다음 한자(漢字)의 훈(訓)과 음(音)을 쓰세요.

(1) 室 (   )   (2) 心 (   )   (3) 安 (   )
(4) 新 (   )   (5) 十 (   )   (6) 神 (   )

3. 다음 훈(訓)과 음(音)에 맞는 한자(漢字)를 쓰세요.

(1 집 실 (   )   (2) 물 수 (   )
(3) 열 십 (   )

4. 다음(   )에 들어갈 한자(漢字)를 예(例)에서 찾아 그 번호를 쓰세요.

예(例)	① 神	② 安	③ 十
	④ 心	⑤ 新	⑥ 室

(1) (   )中八九   (2) 全(   )全力
(3) (   )外活動   (4) (   )全第一

✎ 다음 한자를 필순에 맞게 여러 번 써 보세요.

新   神   室   心   十   安

정답

1. (1) 신문   (2) 중심   (3) 안주   (4) 신화   (5) 십전   (6) 지하실
2. (1) 집 실   (2) 마음 심 (3) 편안 안 (4) 새 신   (5) 열 십   (6) 귀신 신
3. (1) 室   (2) 水   (3) 十
4. (1) ③   (2) ④   (3) ⑥   (4) ②

弱

6급 II

약할 **약**

弓 | 7획

새끼 새가 날개를 펼친 모양을 본떠서 약하다, 어리다(弱)는 의미이다.

[비] 羽(깃 우)
[반] 強(강할 강)

읽기한자

弱體(약체) : 약한 몸
心弱(심약) : 마음이 약함
弱小國(약소국) : 힘이 약한 작은 나라

활용문

이 싸움에서 크게 져 힘이 弱(약)해진 수나라는 결국 얼마 못 가 망하였습니다.

필순 ` ` 弓 弓 弱 弱 弱 弱 弱 弱

弱						
약할 약						

藥

6급 II

약 **약**

艹(艸) | 15획

병으로 열이 날 때 먹이면 편해지(樂)는 풀(艹)에서 약(藥)을 의미한다.

[비] 樂(즐길 락)
[약] 薬

읽기한자

藥物(약물) : 약제가 되는 물질
藥水(약수) : 약물
藥用(약용) : 약으로 씀
藥草(약초) : 약풀
藥果(약과) : 가당하기 어렵지 않은 일
韓藥(한약) : 한방에서 쓰는 의약

활용문

병원에서 藥物(약물)치료를 받고 있습니다.

필순 ` ` 艹 艹 艹 艹 荪 荪 莳 菡 菡 薌 薌 薌 薌 藥 藥 藥

藥						
약 약						

語

7급

말씀 어:

言 | 7획

너와 내(吾)가 서로 입으로 말(言)을 나눈다는 것에서 얘기하다, 말(語)을 의미한다.

[동] 說(말씀 설)
話(말씀 화)
談(말씀 담)
言(말씀 언)

읽기한자

成語(성어) : 고인이 만든 말
用語(용어) : 사용하는 말
語文(어문) : 말과 글. 언어와 문장
語氣(어기) : 말하는 솜씨. 말하는 기세. 어투
語學(어학) : 어떤 나라의 언어, 특히 문법을 연구하는 학문
外國語(외국어): 다른 나라의 말

활용문

저는 語文學(어문학)을 전공하고 싶습니다.

필순 ` ㄴ ㄷ 늘 言 言 言 訂 訶 語 語 語 語 語

語									
말씀 어									

業

6급 II

업 업

木 | 9획

북을 올려놓은 받침대를 본떴는데, 받침대를 조각하는 것을 일삼는다 하여 일(業)을 의미한다.

[동] 事(일 사)

읽기한자

業主(업주) : 영업주
業體(업체) : 사업이나 기업의 주체
生業(생업) : 살아가기 위해 하는 일

활용문

드디어 고된 作業(작업)이 모두 끝나고 역사적인 밤이 왔다.

필순 ノ ㄱ ㅒ ㅒ 业 业 堂 堂 堂 堂 業 業

業									
업 업									

然

7급

그럴 **연**

灬(火) | 8획

불(灬)로 개(犬)고기(肉)를 그을려 태워(然) 먹는 일은 당연(然)하기에 그러하다(然)는 의미이다.

回 燃(탈 연)

읽기 한자

果然(과연) : 빈말이 아니라 정말로
天然(천연) : 사람의 힘을 가하지 않은 상태
然後(연후) : 그러한 뒤
自然(자연) : 꾸밈없이, 산천초목과 같은 자연물

활용문

自然(자연)의 소중함을 알아야 합니다.

필순 ノ ク タ 夕 夕 夘 外 妖 妖 然 然 然

然								
그럴 연								

五

8급

다섯 **오:**

二 | 2획

한쪽 손의 손가락을 전부 편 모양을 본떴다.

읽기 한자

五線紙(오선지) : 악보를 적도록 5선을 그어 놓은 종이
五時(오시) : 다섯 시
五歌(오가) : 판소리 열두 마당 중 현존하는 다섯 작품
五色(오색) : 다섯 가지의 빛깔

쓰기 한자

五月(오월) : 열두달 가운데 다섯 번째 달
五十(오십) : 십의 다섯배가 되는 수
三三五五(삼삼오오) : 서너사람 또는 대 여섯 사람이 떼지어
　　　　　　　　　　다니거나 무슨 일을 함

활용문

五色(오색)의 깃발이 펄럭입니다.

필순 一 丁 五 五

五								
다섯 오								

1. 다음 한자어(漢字語)의 독음을 쓰세요.

   (1) 業主 (   )   (2) 天然 (   )
   (3) 心弱 (   )   (4) 五色 (   )
   (5) 藥草 (   )   (6) 語氣 (   )

2. 다음 한자(漢字)의 훈(訓)과 음(音)을 쓰세요.

   (1) 然 (   )   (2) 語 (   )
   (3) 業 (   )   (4) 藥 (   )
   (5) 弱 (   )   (6) 五 (   )

3. 다음(   )에 들어갈 한자(漢字)를 예(例)에서 찾아 그 번호를 쓰세요.

예(例)	① 業	② 藥	③ 五
	④ 弱	⑤ 語	⑥ 然

   (1) 家內工(   )
   (2) 國(   )國文
   (3) 自(   )學習
   (4) (   )用植物

   ✎ 다음 한자를 필순에 맞게 여러 번 써 보세요.

   弱   藥   語   業   然   五

정답

1. (1) 업주   (2) 천연   (3) 심약   (4) 오색   (5) 약초   (6) 어기
2. (1) 그럴 연 (2) 말씀 어 (3) 업 업   (4) 약 약   (5) 약할 약 (6) 다섯 오
3. (1) ①   (2) ⑤   (3) ⑥   (4) ②

午

낮 오:

7급 II

十 | 2획

열두 시(十二)를 가리키는 시계 바늘 모양으로 정오의 낮(午)을 의미한다.

- 비 年(해 년)
- 동 晝(낮 주)
- 반 夜(밤 야)

읽기한자

子午線(자오선) : 어떤 지점에서 정북과 정남을 통해 천구에 상상으로 그은 선
正午(정오) : 낮 열두 시
午前(오전) : 자정부터 낮 열두 시까지의 시간
午後(오후) : 정오로부터 자정까지의 사이
午時(오시) : 오전 열한 시부터 오후 한 시까지

활용문

오늘 午前(오전)과 午後(오후)동안 아무것도 먹지 못했다.

필순 ノ 一 二 午

午								
낮 오								

王

임금 왕

8급

王(玉) | 0획

하늘과 땅과 인간(三)을 통치하(ㅣ)는 임금(王)을 의미한다.

- 비 玉(옥 옥)
- 동 主(임금 주)
  皇(임금 황)
- 반 民(백성 민)
  臣(신하 신)

읽기한자

王命(왕명) : 임금의 명령
王家(왕가) : 왕의 집안
花王(화왕) : 여러 가지 꽃 가운데 왕이라는 뜻으로, '모란꽃'을 달리 이르는 말

쓰기한자

國王(국왕) : 나라의 임금
王室(왕실) : 임금의 집안
女王(여왕) : 여자 임금

활용문

王家(왕가)의 사람이라 사람들은 그를 깍듯이 대했다.

필순 一 二 干 王

王								
임금 왕								

外

8급

바깥 **외:**

夕 | 2획

저녁(夕)때 거북이 등을 두드려서 점(卜)을 치면 줄금이 바깥쪽에 생겨 바깥(外)을 의미한다.

반 內(안 내)

外界(외계) : 바깥 세계
外科(외과) : 신체 외부의 상처나 내장의 질병을 수술하는 의학의
　　　　　　한 분과
外食(외식) : 자기 집 아닌 밖에서 식사함
內外(내외) : 안과 밖
市外(시외) : 도시의 밖. 또는 시 구역 밖의 지역

쓰기 한자

國外(국외) : 나라 영토의 밖
室外(실외) : 방이나 집의 밖
外國(외국) : 다른 나라

활용문

봄이 되자 野外(야외)로 나가는 행락객이 많아졌다.

필순 ノ ク タ 列 外

外									
바깥 외									

勇

6급 II

날랠 **용:**

力 | 7획

힘(力)이 용솟음(甬) 쳐서 행동이 날래고 용감하다(勇)는 의미이다.

비 男(사내 남)
동 猛(사나울 맹)

읽기 한자

勇氣(용기) : 씩씩한 의기
勇名(용명) : 용감하고 사납다는 명성
勇戰(용전) : 용감하게 싸움

활용문

그는 나에게 희망과 勇氣(용기)를 불어넣어 주었다.

필순 ⼂ ⼂ ⼂ 丆 甬 甬 甬 甬 勇 勇

勇									
날랠 용									

아

用

6급 II

쓸 **용:**

用 | 0획

무엇인가 물건을 만들 때 산산히 흩어지지 않도록 못을 사용한 데서 이용하다(用)는 의미이다.

📖 읽기한자

利用(이용) : 대상을 필요에 따라 이롭게 씀
用意(용의) : 마음을 먹음
用水(용수) : 물을 사용함
有用(유용) : 쓸모가 있음
用紙(용지) : 어떤 일에 쓰이는 종이

✏️ 활용문

어른들도 무엇을 알아보거나 일을 해 나가는 데 도움을 받기 위해서 책을 이용(이용)합니다.

✍️ 필순) 刀 刀 月 月 用

用							
쓸 용							

右

7급 II

오를
오른(쪽) **우:**

口 | 2획

밥을 먹을 때 음식물을 입(口)으로 나르(ナ)는 손의 모습에서 오른쪽(右)을 의미한다.

비 佑(도울 우)
반 左(왼 좌)

📖 읽기한자

左右(좌우) : 왼쪽과 오른쪽
右方(우방) : 오른편
右心室(우심실) : 심장 안의 오른쪽 윗부분

✏️ 활용문

左右(좌우)를 살피면서 조심스럽게 접근했다.

✍️ 필순 ノ ナ ナ 右 右

右							
오른 우							

1. 다음 한자어(漢字語)의 독음을 쓰세요.

   (1) 右方 (   ) (2) 午後 (   ) (3) 花王 (   )
   (4) 外界 (   ) (5) 用意 (   ) (6) 勇氣 (   )

2. 다음 한자(漢字)의 훈(訓)과 음(音)을 쓰세요.

   (1) 外 (   ) (2) 勇 (   ) (3) 午 (   )
   (4) 右 (   ) (5) 王 (   ) (6) 用 (   )

3. 다음 훈(訓)과 음(音)에 맞는 한자(漢字)를 쓰세요.

   (1) 다섯 오 (   )   (2) 임금 왕 (   )
   (3) 바깥 외 (   )

4. 다음(   )에 들어갈 한자(漢字)를 예(例)에서 찾아 그 번호를 쓰세요.

예(例)	① 勇	② 王	③ 午
	④ 右	⑤ 外	⑥ 用

   (1) (   )室家族   (2) 生理作(   )
   (3) (   )前時間   (4) 市(   )電話

   ✏ 다음 한자를 필순에 맞게 여러 번 써 보세요.

   午   王   外   勇   用   右

정답

1. (1) 우방   (2) 오후   (3) 화왕   (4) 외계   (5) 용의   (6) 용기
2. (1) 바깥 외 (2) 날랠 용 (3) 낮 오   (4) 오를(오른쪽)우 (5) 임금 왕 (6) 쓸 용
3. (1) 五   (2) 王   (3) 外
4. (1) ②   (2) ⑥   (3) ③   (4) ⑤

運

6급 II

옮길 운:

⻌(辵) | 9획

병사(軍)들이 전차를 끌면서 걸어가(⻌)는 모습에서 나르다(運)는 의미이다.

- 비 連(이을 련)
- 동 移(옮길 이)
  動(움직일 동)

 읽기 한자

運動(운동) : 돌아다니며 움직임
運命(운명) : 운수와 명수
幸運(행운) : 행복한 운수
運身(운신) : 몸을 움직임
家運(가운) : 집안의 운수
運數(운수) : 천명으로 당하는 선악, 행·불행의 상
運用(운용) : 움직여 씀
國運(국운) : 나라의 운명

활용문

아침 運動(운동)은 건강에 좋습니다.

필순 `⺈ ⺈ ⺈ ⺈ 旨 旨 冒 軍 軍 軍 渾 運 運`

運							
옮길 운							

月

8급

달 월

月 | 0획

산의 저편에서 나오는 초승달의 모습을 본떴다.

- 비 肉(고기 육)
- 반 日(날 일)

읽기 한자

淸風明月(청풍명월) : 맑은 바람과 밝은 달
月光(월광) : 달빛
月下(월하) : 달빛이 비치는 아래
來月(내월) : 다음 달
月色(월색) : 달빛

쓰기 한자

日月(일월) : 해와 달
生月(생월) : 태어난 달
六月(유월) ; 열두 달 가운데 여섯 번째 달

활용문

來月(내월)이면 벌써 2년 째 되는 달입니다.

필순 `丿 刀 月 月`

月							
달 월							

有

7급

있을 **유:**

月 | 2획

손(ナ)에 고기(月)를 가지고 있다(有)는 의미이다.

반 無(없을 무)
莫(없을 막)

읽기한자

有功(유공) : 공로가 있음
有利(유리) : 이익이 있음
有用(유용) : 이용할 데가 있음
共有(공유) : 공동으로 소유함
有力(유력) : 세력이 있음
有道(유도) : 덕행이 있음
有名(유명) : 이름이 있음. 많은 사람이 알고 있음

활용문

이번에는 당선이 有力(유력)할 것입니다.

필순 ノ ナ オ 右 有 有

有									
있을 유									

아

育

7급

기를 **육**

月(肉) | 4획

물구나무선 어린이(子)는 약한 아이로 건강하게 하기 위해 고기(肉)를 먹여서 키운다(育)는 의미이다.

동 飼(기를 사)
養(기를 양)

읽기한자

育成(육성) : 길러 냄
發育(발육) : 발달하여 크게 자람
敎育場(교육장) : 교육을 받는 장소
事育(사육) : 부모를 섬기고 자식을 기름
敎育(교육) : 가르쳐 지식을 주고 기름

활용문

예비군 敎育場(교육장)에서도 간간히 사고가 일어난다.

필순 丶 亠 云 产 育 育 育

育									
기를 육									

音

6급 II

소리 **음**

音 | 0획

해(日)가 뜨면(立) 사람들이 일어나서 소리(音)를 내기 시작한다는 의미이다.

비 意(뜻 의)
동 聲(소리 성)

읽기한자

音讀(음독) : 한자를 음으로 읽음
發音(발음) : 소리를 냄
消音(소음) : 소리를 없앰
和音(화음) : 둘 이상의 음이 함께 울리는 소리
表音文字(표음문자) : 말의 소리를 기호로 나타낸 글자

활용문

그는 發音(발음)이 정확하다.

필순 ` 一 亠 立 立 产 音 音 音

音								
소리 음								

飲

6급 II

마실 **음(:)**

飠(食) | 4획

물이나 국(食)을 큰 입을 벌려서(欠) 마셔 넘기는 것에서 마시다(飲)의 의미이다.

비 飯(밥 반)
　 飾(꾸밀 식)

읽기한자

飮食(음식) : 먹고 마시는 물건
飮用(음용) : 마시는 데 씀

활용문

아픈 친구를 위해 米飮(미음)을 준비했습니다.

필순 ノ 𠆢 𠆢 𠆢 𠆢 𠆢 𣌀 𣌀 𣌀 𣌀 飮 飮 飮

飮								
마실 음								

1. 다음 한자어(漢字語)의 독음을 쓰세요.

   (1) 有力 (   )   (2) 育成 (   )
   (3) 發音 (   )   (4) 幸運 (   )
   (5) 食飮 (   )   (6) 月光 (   )

2. 다음 한자(漢字)의 훈(訓)과 음(音)을 쓰세요.

   (1) 音 (   )   (2) 有 (   )
   (3) 育 (   )   (4) 飮 (   )
   (5) 月 (   )   (6) 運 (   )

3. 다음(   )에 들어갈 한자(漢字)를 예(例)에서 찾아 그 번호를 쓰세요.

예(例)	① 有	② 運	③ 有
	④ 月	⑤ 育	⑥ 音

   (1) 平和(   )動
   (2) 家庭敎(   )
   (3) 共同所(   )
   (4) (   )樂時間

   ✎ 다음 한자를 필순에 맞게 여러 번 써 보세요.

   運   月   有   育   音   飮

정답

1. (1) 유력   (2) 육성   (3) 발음   (4) 행운   (5) 식음   (6) 월광
2. (1) 소리 음   (2) 있을 유   (3) 기를 육   (4) 마실 음   (5) 달 월   (6) 옮길 운
3. (1) ②   (2) ⑤   (3) ①   (4) ⑥

邑

7급

고을 **읍**

邑 | 0획

인구(口)가 모여 사는 지역(巴)이란 데서 고을(邑)을 의미한다.

동 郡(고을 군)
州(고을 주)

邑圖(읍도) : 한 읍 전체를 나타낸 지도
邑會(읍회) : 예전에, 읍 단위로 가지던 모임
邑里(읍리) : 읍내에 있는 리(里), 읍과 리
邑長(읍장) : 지방 행정 구역인 읍의 우두머리
邑內(읍내) : 지방 관청이 있던 부락 또는 고을 안
邑民(읍민) : 읍내에 사는 사람

활용문

邑長(읍장)은 지방행정구역인 읍의 우두머리를 말한다.

 필순 ˊ 冂 曰 匂 吊 吊 邑 邑

邑							
고을 읍							

意

6급 II

뜻 **의:**

心 | 9획

마음(心)에 담고 있는 소리(音)와 말에서 생각하다, 생각하고 있는 것(意)을 의미한다.

비 章(글 장)
音(소리 음)
동 志(뜻 지)
情(뜻 정)

읽기 한자

意外(의외) : 생각 밖
發意(발의) : 의견이나 계획을 냄
意中(의중) : 마음 속
意圖(의도) : 장차 하려는 계획
同意(동의) : 같은 의미

활용문

그 사람의 意圖(의도)를 모르겠습니다.

필순 ˋ ˊ � 立 产 音 音 音 音 意 意 意

意							
뜻 의							

二

8급

두 이:

二 | 0획

一에 一을 포개서 둘, 다음, 배(二)를 의미한다.

읽기한자

二重(이중) : 두 겹
二天(이천) : 과거나 백일장 따위에서 두 번째로 글을 지어서 바치던 일
二十四時(이십사시) : 하루를 스물넷으로 나누어 각각 이십사방위의 이름을 붙여 이르는 스물네 시

쓰기한자

二女(이녀) : 둘째 딸
二十(이십) : 십의 두배가 되는 수
二月(이월) : 열 두달 가운데 두 번째 되는 달

활용문

그 사람은 二重生活(이중생활)을 하고 있다.

필순 一 二

二								
두 이								

人

8급

사람 인

人 | 0획

사람이 옆을 향한 모양을 본떴다.
回 八(여덟 팔)
　 入(들 입)

읽기한자

人才(인재) : 재주가 놀라운 사람
人和(인화) : 인심이 화합함
人面(인면) : 사람의 얼굴
人心(인심) : 사람의 마음
人間(인간) : 언어를 가지고 사고할 줄 알고 사회를 이루며 사는 지구 상의 고등 동물

쓰기한자

人中(인중) : 코와 윗입술 사이에 오목하게 골이 진 곳
軍人(군인) : 군대에서 복무하는 사람
人生(인생) : 사람이 세상을 살아가는 일

활용문

人力(인력)으로는 도저히 불가능합니다.

필순 ノ 人

人								
사람 인								

아

一

8급

한 일

一 | 0획

막대기 하나(一)를 가로로 놓은 모양이다.

읽기한자

一角(일각) : 한 개의 뿔
一家(일가) : 한 집안
一色(일색) : 한가지 빛깔
一心(일심) : 하나로 합쳐진 마음
一理(일리) : 하나의 이치
一方(일방) : 어느 한 쪽

쓰기한자

萬一(만일) : 만의 하나, 뜻밖의 경우
一生(일생) : 살아 있는 동안
一女(일녀) : 딸 한 사람

활용문

아저씨 팔에 '一心(일심)'이라고 씌어 있었다.

필순 一

一								
한 일								

日

8급

날 일

日 | 0획

해의 모양을 본떴다.

반 月(달 월)

읽기한자

消日(소일) : 하는 일 없이 세월을 보냄
日氣(일기) : 날씨
日時(일시) : 날짜와 시간을 아울러 이르는 말
休日(휴일) : 일요일이나 공휴일 따위의 일을 하지 아니하고 쉬는 날
日記(일기) : 날마다 그날그날 겪은 일이나 생각, 느낌 따위를 적는 개인의 기록

쓰기한자

日月(일월) : 해와 달
生日(생일) : 태어난 날
一日(일일) : 하루

활용문

매일매일 日記(일기)를 쓰는 습관을 가져라.

필순 丨 冂 月 日

日								
날 일								

확·인·학·습 26

1. 다음 한자어(漢字語)의 독음을 쓰세요.

(1) 人才 (   ) (2) 二重 (   ) (3) 邑內 (   )
(4) 一理 (   ) (5) 消日 (   ) (6) 意圖 (   )

2. 다음 한자(漢字)의 훈(訓)과 음(音)을 쓰세요.

(1) 意 (   ) (2) 二 (   ) (3) 邑 (   )
(4) 人 (   ) (5) 日 (   ) (6) 一 (   )

3. 다음 훈(訓)과 음(音)에 맞는 한자(漢字)를 쓰세요.

(1) 날 일 (   )   (2) 달 월 (   )
(3) 두 이 (   )

4. 다음(   )에 들어갈 한자(漢字)를 예(例)에서 찾아 그 번호를 쓰세요.

예(例)	① 意	② 人	③ 日
	④ 一	⑤ 邑	⑥ 二

(1) 身土不(   )   (2) 作心三(   )
(3) 市(   )面長   (4) 全(   )敎育

✏ 다음 한자를 필순에 맞게 여러 번 써 보세요.

邑   意   二   人   一   日

정답

1. (1) 인재   (2) 이중   (3) 읍내   (4) 일리   (5) 소일   (6) 의도
2. (1) 뜻 의   (2) 두 이   (3) 고을 읍   (4) 사람 인   (5) 날 일   (6) 한 일
3. (1) 日   (2) 月   (3) 二
4. (1) ⑥   (2) ③   (3) ⑤   (4) ②

入

7급

들 입

入 | 0획

동굴에 들어가는 형태에서 입구에 들어가다(入)는 의미이다.

[비] 人(사람 인)
   八(여덟 팔)
[반] 出(날 출)

📖 읽기한자

入社(입사) : 회사 등에 취직하여 들어감
入會(입회) : 회에 가입하여 회원이 됨
入力(입력) : 기계의 1초 사이에 들어가는 에너지
入口(입구) : 들어가는 곳
出入(출입) : 어느 곳을 드나듦
入學(입학) : 학교에 처음 들어감
入場(입장) : 식장 같은 데 들어감

활용문

入學(입학)을 하면 열심히 공부할 것입니다.

 필순 ノ 入

入							
들 입							

自

7급 II

스스로 자

自 | 0획

자기의 코를 가리키면서 나(自)라고 한 것에서 자기(自)의 의미이다.

[비] 白(흰 백)
[반] 他(다를 타)

📖 읽기한자

自手成家(자수성가) : 물려받은 재산이 없는 사람이 제 힘으로 한 살림을 이룩함
自信(자신) : 스스로 믿음
自身(자신) : 자기 또는 자기의 몸
自體(자체) : 자기의 몸
自國(자국) : 제 나라
自白(자백) : 스스로의 죄를 고백함
自立(자립) : 남의 힘을 입지 않고 스스로 일어섬

활용문

自國(자국)의 이익만을 너무 따지는 것도 좋지 않다.

 필순 ′ ′ 自 自 自 自

自							
스스로 자							

7급 II

子
아들 자

子 | 0획

갓난 아기(子)의 모양을 본떴다.

비 予(줄 여)
반 父(아비 부)

읽기 한자

利子(이자) : 채무자가 화폐 사용의 대가로, 채권자에게 지급하는
　　　　　　금전
子女(자녀) : 아들과 딸
父子(부자) : 아버지와 아들
子正(자정) : 밤 12시
天子(천자) : 황제를 일컬음

활용문

子正(자정)이 되기 전에 꼭 들어오너라.

필순 　ㄱ 了 子

子						
아들 자						

자

7급

字
글자 자

子 | 3획

집에서(宀) 아이(子)가 차례차례
태어나듯이 글자에서 글자가 생
겨나므로 문자(字)를 의미한다.

비 子(아들 자)
동 文(글월 문)
　 章(글 장)

읽기 한자

文字(문자) : 글자
正字(정자) : 자체가 바른 글자
數字(숫자) : 수를 나타내는 글자
字間(자간) : 글자와 글자 사이

활용문

글씨를 正字(정자)로 쓰는 습관을 가져라.

필순 　丶 丷 宀 宀 宀 宁 字

字						
글자 자						

昨

6급II

어제 **작**

日 | 5획

하루 해(日)가 잠깐(乍) 사이에 휙 지나가 버리니 어제(昨)란 의미이다.

비 作(지을 작)

읽기한자

昨今(작금) : 어제와 오늘
昨年(작년) : 지난해
昨日(작일) : 어제

활용문

昨年(작년)에는 전과를 사 주시더니 왜 그러실까.

필순 丨 冂 月 日 日' 旷 旷 昨 昨

昨							
어제 작							

作

6급II

지을 **작**

亻(人) | 5획

사람(人)이 나뭇가지를 구부려서 담장을 만들고, 그 안에 집을 만드는(乍) 것에서 만들다(作)는 의미이다.

비 昨(어제 작)
동 造(지을 조)
　 創(비롯할 창)

읽기한자

始作(시작) : 처음으로 함
新作(신작) : 새로 지어 만듦
作成(작성) : 서류 · 계획 따위를 만들어 이룸
作業(작업) : 일정한 계획과 목표로 일을 함
平年作(평년작) : 풍작도 흉작도 아닌 보통의 수확
作中人物(작중인물) : 작품 속에 나오는 인물

활용문

고된 作業(작업)을 마치고 달콤한 휴식을 취했다.

필순 丿 亻 亻' 仁 仨 作 作

作							
지을 작							

1. 다음 한자어(漢字語)의 독음을 쓰세요.

(1) 字間 (   )   (2) 自信 (   )

(3) 天子 (   )   (4) 昨年 (   )

(5) 入學 (   )   (6) 始作 (   )

2. 다음 한자(漢字)의 훈(訓)과 음(音)을 쓰세요.

(1) 自 (   )   (2) 入 (   )

(3) 子 (   )   (4) 字 (   )

(5) 作 (   )   (6) 昨 (   )

3. 다음(   )에 들어갈 한자(漢字)를 예(例)에서 찾아 그 번호를 쓰세요.

| 예(例) | ① 入 | ② 昨 | ③ 作 |
| | ④ 字 | ⑤ 自 | ⑥ 子 |

(1) (   )手成家
(2) 電(   )時計
(3) 四(   )成語
(4) (   )心三日

✎ 다음 한자를 필순에 맞게 여러 번 써 보세요.

入   子   字   自   作   昨

정답

1. (1) 자간   (2) 자신   (3) 천자   (4) 작년   (5) 입학   (6) 시작
2. (1) 스스로 자 (2) 들 입   (3) 아들 자   (4) 글자 자   (5) 지을 작   (6) 어제 작
3. (1) ⑤   (2) ⑥   (3) ④   (4) ③

자

長

8급

긴 장(ː)

長 | 0획

지팡이를 짚은 노인의 모습에서 본떴다.

- 🅑 辰(별 진)
- 🅟 短(짧을 단)
  幼(어릴 유)

📖 읽기 한자

長短(장단) : 긴 것과 짧은 것
長成(장성) : 자라서 어른이 됨
長老(장로) : 나이가 많고 학문과 덕이 높은 사람
市長(시장) : 지방 자치 단체인 시의 책임자
長命(장명) : 목숨이 긺. 또는 긴 수명

✏️ 쓰기 한자

長女(장녀) : 맏딸
校長(교장) : 학교의 으뜸 직위
生長(생장) : 나서 자람

활용문

그 사람이 서울 市長(시장)으로 유력하다.

필순 丨 丆 丆 丆 트 투 투 長 長

長									
긴 장									

場

7급 II

마당 장

土 | 9획

깃발(勿)위로 높이 해(日)가 떠오르듯이 높게 흙(土)을 돋운 장소를 빗댄 곳, 장소(場)를 의미한다.

- 🅑 陽(볕 양)
  揚(날릴 양)

📖 읽기 한자

球場(구장) : 구기를 하는 운동장
現場(현장) : 일이 생긴 그 자리
場內(장내) : 장소의 안, 회장의 내부
市場(시장) : 많은 물건을 모아 놓고 사고파는 곳
登場(등장) : 무대 같은 데에 나옴. 무슨 일에 어떤 사람이 나타남
場面(장면) : 어떤 장소의 겉면이 드러난 면

활용문

場內(장내)가 너무 소란스럽다.

필순 一 十 土 圠 圠 圠 圠 場 場 場

場									
마당 장									

才

6급 II

재주 **재**

扌(手) | 0획

풀이 지면에 싹텄을 때의 형태로 소질, 지혜(才)를 의미한다.

비 寸(마디 촌)
　 丈(어른 장)
　 木(나무 목)
통 技(재주 기)
　 術(재주 술)
　 藝(재주 예)

 읽기한자

才力(재력) : 재주의 작용
小才(소재) : 조그마한 재주
才氣(재기) : 재주가 있는 기질
天才(천재) : 태어날 때부터 뛰어난 재주를 갖춘 사람
口才(구재) : 말재주

활용문

그는 '天才(천재)는 1퍼센트의 영감과 99퍼센트의 땀으로 만들어진다.'라고 말하였다.

필순 一 十 才

才							
재주 재							

電

7급 II

번개 **전:**

雨 | 5획

비(雨)가 내릴 때 일어나는(电) 번개불에서 번개, 전기(電)를 의미한다.

비 雷(우레 뢰)

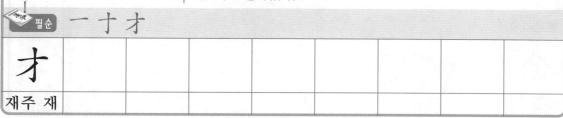 읽기한자

電球(전구) : 전기를 통하게 하여 밝게 하는 기구
電線(전선) : 전기를 통하는 도체로 쓰는 금속선
電信(전신) : 전류·전파를 써서 두 지점 사이에 행하는 통신
放電(방전) : 축전지·축전기에 저장된 전기를 방출하는 현상
電力(전력) : 대전체 사이에 작용하는 전기의 힘
電工(전공) : 전기공. 전기 공업
電動車(전동차) : 전기의 힘으로 가는 기차

활용문

요즘 들어 電動車(전동차) 사고가 증가하는 추세입니다.

필순 一 亠 亠 币 币 币 虖 雫 雫 雪 雷 電 電

電							
번개 전							

全

7급 II

온전 전

入 | 4획

흠이 없는 쪽으로 넣는(入) 구슬(玉)이니 온전한(全) 구슬이란 의미이다.

비 金(쇠 금)

읽기한자

全部(전부) : 사물의 모두
全校(전교) : 학교 전체
全國(전국) : 온 나라
全心(전심) : 온 마음
全力(전력) : 모든 힘. 온통의 힘
全然(전연) : 아주

활용문

全校(전교) 1등이라고 해서 모든 것이 완벽하지는 않아.

필순 ノ 入 人 入 合 全 全

全								
온전 전								

前

7급 II

앞 전

刂(刀) | 7획

매어있는 배 끈을 칼(刂)로 잘라 배(月)가 나아가는 쪽, 뱃머리, 앞(前)을 의미한다.

반 後(뒤 후)

읽기한자

前科(전과) : 이전에 형벌을 받은 사실
門前成市(문전성시) : 집 앞이 방문객으로 시장을 이루다시피 함
午前(오전) : 낮 12시 이전
前生(전생) : 이 세상에 태어나기 이전의 생애
主前(주전) : 기원전
前後(전후) : 앞뒤
前年(전년) : 지난 해. 작년

활용문

事前(사전)에 미리 알려 주지 그랬니?

필순 ` ` ` 丷 쓰 广 丿 丿 丿 前 前 前

前								
앞 전								

1. 다음 한자어(漢字語)의 독음을 쓰세요.

(1) 天才 (   )　　　(2) 全然 (   )
(3) 長成 (   )　　　(4) 發電 (   )
(5) 主前 (   )　　　(6) 球場 (   )

2. 다음 한자(漢字)의 훈(訓)과 음(音)을 쓰세요.

(1) 全 (   )　　　(2) 前 (   )
(3) 電 (   )　　　(4) 才 (   )
(5) 場 (   )　　　(6) 長 (   )

3. 다음( )에 들어갈 한자(漢字)를 예(例)에서 찾아 그 번호를 쓰세요.

예(例)	① 場	② 才	③ 全
	④ 前	⑤ 長	⑥ 電

(1) 代表( )話
(2) 天( )教育
(3) 門( )成市
(4) 安( )第一

✏️ **다음 한자를 필순에 맞게 여러 번 써 보세요.**

場　　長　　才　　全　　前　　電

정답

1. (1) 천재　(2) 전연　(3) 장성　(4) 발전　(5) 주전　(6) 구장
2. (1) 온전 전　(2) 앞 전　(3) 번개 전　(4) 재주 재　(5) 마당 장　(6) 긴 장
3. (1) ⑥　(2) ②　(3) ④　(4) ③

戰

6급 II

싸움 전:

戈 | 12획

사람마다 한명씩(單) 창(戈)을 들고 있는 데서, '싸우다'(戰)는 의미이다.

- 비 單(홑 단)
- 동 競(다툴 경)
  爭(다툴 쟁)
  鬪(싸움 투)
- 반 和(화할 화)
- 약 战, 戦

📖 읽기한자

戰功(전공) : 싸움에서의 공로
戰力(전력) : 싸우는 힘
戰果(전과) : 전쟁의 성과
戰記(전기) : 전쟁의 기록
作戰(작전) : 싸움하는 방법을 세움
戰術(전술) : 전쟁 실시의 방책
空中戰(공중전) : 공중에서 항공기끼리 벌이는 전투

📝 활용문

이번 경기에서 한국팀은 苦戰(고전)을 면치 못했다.

✏️ 필순   `'  `'' `冖  `冖冖 `冊冊  `冊 `冊  `𝗀 `𝗀  `𝗀 `單  `單 `戰  `戰 `戰

戰							
싸움 전							

正

7급 II

바를 정(:)

止 | 1획

목표로 한(一) 곳에 정확히 가서 거기서 딱 멈추는(止) 것에서 올바르다(正)는 의미이다.

- 반 反(돌이킬 반)

📖 읽기한자

正反對(정반대) : 전적으로 반대되는 일
正體(정체) : 참된 본디의 형체
正門(정문) : 정면에 있는 문
正面(정면) : 똑바로 마주 보이는 면
正午(정오) : 낮 열두 시
正直(정직) : 거짓이나 허식이 없이 마음이 바르고 곧음
正中(정중) : 한가운데
子正(자정) : 밤 열두 시

📝 활용문

正面(정면)을 바라보면서 얘기해라.

✏️ 필순   `一  `丁 `下  `正 `正

正							
바를 정							

庭

6급 II

뜰　정

广 | 7획

길고 평평하게 만든 정원(廷)이 있는 관청(广)의 건물 사이에 있는 안쪽 정원(庭)을 의미한다.

校庭(교정) : 학교의 마당
庭球(정구) : 무른 고무공을 사용하여 테니스처럼 경기를 하는 구기 종목
家庭(가정) : 한 가족이 생활하는 집

활용문

家庭(가정)에서는 등잔불을 켰는데 날마다 기름을 넣어야 했고, 연기와 그을음 때문에 집안이 온통 더러워졌다.

필순　` 宀 广 广 庐 庐 庄 庭 庭 庭

庭							
뜰 정							

弟

8급

아우　제:

弓 | 4획

끈을 위에서 밑으로 빙빙 감듯이 차례차례 태어나는 남동생(弟)을 의미한다.

비 第(차례 제)
반 兄(형 형)

읽기한자

弟子(제자) : 선생에게 배우는 사람들
子弟(자제) : 남을 높여 그의 아들을 이르는 말
弟夫(제부) : 여동생의 남편

쓰기한자

兄弟(형제) : 형과 아우를 아울러 이르는 말
三兄弟(삼형제) : 아들이 세 명

활용문

우리 집은 兄弟(형제)간에 우애가 대단하다.

필순　` ` ` 丷 丷 弟 弟

弟							
아우 제							

第

6급 II

차례 제:

竹 | 5획

대나무(竹)에 풀줄기가 말아 올라간 형태(弟)에서 사물의 순서(第)를 나타내는 의미이다.

- 비 弟(아우 제)
- 동 序(차례 서)
  秩(차례 질)

읽기한자

第一(제일) : 첫 째
登第(등제) : 과거 시험에 합격함

활용문

우리 반에서 노래는 내가 第一(제일)이야

필순 ノ ナ ナ ケ ゲ ゲ ゲ 竺 竺 笃 第 第

第								
차례 제								

題

6급 II

제목 제

頁 | 9획

옛날 머리털을 깎아 이마(頁)가 훤하게(是) 한 후 문신을 한 사례에서 비롯한 것으로 이마는 제목(題)을 의미한다.

- 비 類(무리 류)

읽기한자

題名(제명) : 표제의 이름
命題(명제) : 논리적 판단을 언어나 기호로 표현한 것
問題(문제) : 해답을 필요로 하는 물음

활용문

알맞은 필라멘트만 있으면 될 것 같았지만 問題(문제)는 그렇게 간단하지 않았다.

필순 ｜ 冂 闩 日 旦 무 무 昦 是 是 是 匙 題 題 題 題 題 題

題								
제목 제								

1. 다음 한자어(漢字語)의 독음을 쓰세요.

   (1) 作戰 (   ) (2) 正直 (   ) (3) 第一 (   )

   (4) 子弟 (   ) (5) 命題 (   ) (6) 校庭 (   )

2. 다음 한자(漢字)의 훈(訓)과 음(音)을 쓰세요.

   (1) 庭 (   ) (2) 戰 (   ) (3) 第 (   )

   (4) 題 (   ) (5) 弟 (   ) (6) 正 (   )

3. 다음 훈(訓)과 음(音)에 맞는 한자(漢字)를 쓰세요.

   (1) 긴 장 (   )

   (2) 아우 제 (   )

4. 다음(   )에 들어갈 한자(漢字)를 예(例)에서 찾아 그 번호를 쓰세요.

예(例)	① 正	② 庭	③ 戰
	④ 第	⑤ 題	⑥ 弟

   (1) 四寸兄(   )   (2) 公明(   )大

   (3) 家(   )教育   (4) 空中(   )

   ✏ 다음 한자를 필순에 맞게 여러 번 써 보세요.

   戰   庭   正   第   題   弟

정답

1. (1) 작전   (2) 정직   (3) 제일   (4) 자제   (5) 명제   (6) 교정
2. (1) 뜰 정   (2) 싸움 전 (3) 차례 제 (4) 제목 제 (5) 아우 제 (6) 바를 정
3. (1) 長   (2) 弟
4. (1) ⑥   (2) ①   (3) ②   (4) ③

祖

7급

할아비 **조**

示 | 5획

이미(且) 이 세상에 없는 몇 대 이전의 선조를 제사하(示)는 것에서 조상(祖)을 의미한다.

[반] 孫(손자 손)

읽기한자

高祖父(고조부) : 할아버지의 할아버지
始祖(시조) : 한 겨레의 맨 처음되는 조상
先祖(선조) : 먼저 산 조상
祖上(조상) : 돌아간 어버이 위로 대대의 어른
祖國(조국) : 조상적부터 살던 나라
祖父母(조부모) : 할아버지와 할머니

활용문

祖上(조상)님들의 넋을 기리는 행사입니다.

필순 ` ㄱ ㅜ ㅜ 示 礻 礻 礻 祀 祖 祖

祖							
할아비 조							

足

7급 II

발 **족**

足 | 0획

발전체의 모양을 본떴다.

[반] 手(손 수)

읽기한자

發足(발족) : 무슨 일이 시작됨
手足(수족) : 손과 발
足下(족하) : 편지 받을 사람의 성명 아래에 쓰는 말
自足(자족) : 스스로 넉넉함을 느낌
不足(부족) : 어느 한도에 모자람

활용문

그녀는 편찮으신 어머니의 手足(수족)이 되어 정성으로 간호했다.

필순 ` ㅁ ㅁ ㅁ 무 무 足 足

足							
발 족							

左

7급II

왼 **좌:**

工 | 2획

무언가를 만들 때 가늠자 등을 들고 오른 손을 돕는 손의 형태에서 왼쪽(左)을 의미한다.

반 右(오른 우)

읽기한자

左計(좌계) : 잘못된 계획. 틀린 계획
左書(좌서) : 왼손으로 쓰는 글씨
左手(좌수) : 왼 손
左右(좌우) : 왼쪽과 오른쪽
左方(좌방) : 왼편
左道(좌도) : 자기가 믿는 종교 이외의 종교

활용문

左右(좌우)를 잘 살펴서 건너가라.

필순 一 ナ 左 左 左

左								
왼 좌								

主

7급

주인
임금 **주**

丶 | 4획

움직이지 않고 타오르는 촛불처럼 중심이 되어있는 사람을 빗대어 주인, 중심(主)을 의미한다.

비 住(살 주)
동 王(임금 왕)
　 君(임금 군)
반 民(백성 민)
　 客(손 객)
　 賓(손 빈)

읽기한자

主戰(주전) : 주력이 되어 싸움
主題(주제) : 주요한 제목이 되는 문제
主體(주체) : 성질 · 상태 · 작용의 주(主)
神主(신주) : 죽은 사람의 위(位)를 베푸는 나무 패
業主(업주) : 영업주
主人(주인) : 임자
主食(주식) : 주가 되는 양식
主力(주력) : 주장되는 힘
主語(주어) : 한 문장에서 주격이 되는 말

활용문

한국인의 主食(주식)은 쌀이다.

필순 丶 ー ニ 主 主

主								
임금 주								

자

住 살 주:

7급

亻(人) | 5획

타고 있는 불(主)처럼 사람(人)이 한 곳에서 꼼짝 않고 머무는 것에서 살다(主)는 의미이다.

비 主(임금 주)
동 居(살 거)

읽기한자

現住所(현주소) : 현재 살고 있는 곳
安住(안주) : 편안하게 삶
內住(내주) : 안에 삶
住民(주민) : 일정한 지역에 살고 있는 사람
住所地(주소지) : 주소로 되어 있는 땅

활용문

우리 동네 住民(주민)들은 참 친절하다.

필순 ノ イ イ イ 仁 仹 住 住

住						
살 주						

注 부을 주:

6급 II

氵(水) | 5획

물(氵)이 주(主)로 하는 일은 물 대는(注) 일이란 의미이다.

비 住(살 주)

읽기한자

注文(주문) : 품종 · 모양 · 크기 등을 일러주고 만들어 달라고 맞추거나 보내달라고 하는 일
注意(주의) : 마음에 새겨 두어 조심함
注入(주입) : 교육에서 기억과 암송을 주로 하여 지식을 넣어 줌

활용문

그럼 注意(주의)를 주지 그랬니?

필순 ` ` ` 氵 氵 汁 沣 注 注

注						
부을 주						

1. 다음 한자어(漢字語)의 독음을 쓰세요.

(1) 祖國 (   )   (2) 左道 (   )
(3) 自足 (   )   (4) 業主 (   )
(5) 住民 (   )   (6) 注意 (   )

2. 다음 한자(漢字)의 훈(訓)과 음(音)을 쓰세요.

(1) 足 (   )   (2) 左 (   )
(3) 祖 (   )   (4) 注 (   )
(5) 住 (   )   (6) 主 (   )

3. 다음( )에 들어갈 한자(漢字)를 예(例)에서 찾아 그 번호를 쓰세요.

| 예(例) | ① 主 | ② 祖 | ③ 住 |
| | ④ 左 | ⑤ 足 | ⑥ 注 |

(1) (   )入敎育
(2) 高(   )父母
(3) (   )民運動
(4) 上下(   )右

✎ 다음 한자를 필순에 맞게 여러 번 써 보세요.

祖   足   左   注   主   住

정답

1. (1) 조국   (2) 좌도   (3) 자족   (4) 업주   (5) 주민   (6) 주의
2. (1) 발 족   (2) 왼 좌   (3) 할아비 조   (4) 부을 주   (5) 살 주   (6) 주인/임금 주
3. (1) ⑥   (2) ②   (3) ③   (4) ④

中

8급

가운데 **중**

| | 3획

돌아가는 팽이의 중심축에 어느 쪽도 기울지 않고 한복판을 지키기에 가운데(中)를 의미한다.

[동] 央(가운데 앙)

📢 읽기한자

百發百中(백발백중) : 총·활 등이 겨눈 곳에 꼭 꼭 맞음
意中(의중) : 마음 속　　　　　　集中(집중) : 한 곳으로 모임
中食(중식) : 낮에 끼니로 먹는 음식
中間(중간) : 두 사물의 사이
中道(중도) : 어느 한쪽으로 치우치지 아니하는 바른 길
中世(중세) : 역사의 시대 구분에서, 고대에 이어 근대의 앞 시기

✏️ 쓰기한자

中小(중소) : 규모나 수준 따위가 중간 정도인 것과 그 이하인 것
年中(연중) : 한 해 동안　　　　水中(수중) : 물 속

💬 활용문

中小(중소)기업 중에는 대기업 못지않게 매출액을 올리는 곳도 많다.

✍️ 필순　｜ 口 口 中

中								
가운데 중								

重

7급

무거울 **중:**

里 | 2획

천(千) 리(里)를 걸으면 발이 무겁다(重)는 의미이다.

[반] 輕(가벼울 경)

📢 읽기한자

重用(중용) : 중요한 지위에 임용함
所重(소중) : 중하게 여김
自重(자중) : 함부로 행동하지 않고 스스로 신중하게 행동함
重大(중대) : 중요하고 큼
重力(중력) : 지구가 지구 위의 물체를 끄는 힘

💬 활용문

자기의 물건을 所重(소중)히 다루어야 한다.

✍️ 필순　ノ 一 ニ 千 斤 台 台 重 重 重

重								
무거울 중								

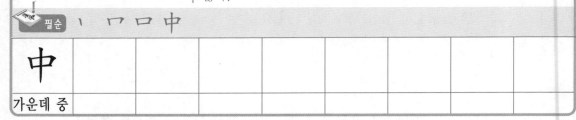

紙

종이 지

糸 | 4획

섬유질(糸)을 근원, 원료(氏)로 하여 종이(紙)를 생산한다는 의미이다.

비 低(낮을 저)

읽기한자

新聞紙(신문지) : 신문기사를 인쇄한 종이
用紙(용지) : 어떤 일에 쓰이는 종이
表紙(표지) : 책뚜껑
間紙(간지) : 속종이
全紙(전지) : 신문 따위의 한 면 전체
答紙(답지) : 답을 적은 종이
紙面(지면) : 신문에 글이 쓰인 겉면

활용문

答紙(답지)를 빨리 제출하세요.

필순 ⸻ 乚 幺 幺 幺 夅 幺 糸 糸 糽 糺 紅 紙

紙								
종이 지								

地

따(땅) 지

土 | 3획

뱀은 논밭의 두렁처럼 구불구불한 것에서 지면(土)과 뱀(也)의 형태에서 땅(地)을 의미한다.

반 天(하늘 천)

읽기한자

地理(지리) : 토지의 상태
地表(지표) : 땅의 표면
地形(지형) : 땅의 생긴 모양
高地(고지) : 높은 땅
地方(지방) : 수도 이외의 시골
土地(토지) : 경지나 주거지 따위의 사람의 생활과 활동에 이용하는 땅
地上(지상) : 땅의 겉 부분이 되는 위
地下道(지하도) : 땅 밑으로 만든 통로

활용문

서울과 地方(지방)의 격차가 많이 줄었다.

필순 ⸻ 十 土 圢 地 地

地								
따 지								

直	**7급 II**
	곧을 **직**
	目 | 3획

숨어(ㄴ) 있어도 열(十) 사람의
눈(目)이 보면 나쁜 짓은 할 수
없기에 바로(直)라는 의미이다.

비 植(심을 식)
반 曲(굽을 곡)

읽기한자

直角(직각) : 수평선과 수직선을 이루는 각. 90°
直球(직구) : 커브를 넣지 않은 똑바른 공
直線(직선) : 꺾이거나 굽은 데가 없는 곧은 선
直面(직면) : 똑바로 마주 봄
直答(직답) : 직접 답함
下直(하직) : 헤어짐

활용문

直線(직선)으로 뻗어있는 길을 운전하는 것은 편하다.

필순 一 十 十 卢 古 古 吉 古 直 直

直								
곧을 직								

集	**6급 II**
	모을 **집**
	隹 | 4획

나무(木) 위에 새(隹)가 많이 무
리지어 모여드는 것에서 모여들
다, 모이다(集)라는 의미이다.

동 會(모일 회)
　 社(모일 사)
반 散(흩을 산)
　 離(떠날 리)

읽기한자

集計(집계) : 모아서 합계함
集中(집중) : 한 곳으로 모으게 함
集大成(집대성) : 여러 가지를 많이 모아 크게 이룸

활용문

그러나 나는 아버지께서 사다 주신 名作童話集(명작동화집) 20권
가운데 두 권밖에 읽지 않았습니다.

필순 ノ 亻 仁 伫 仁 伫 伳 隹 隼 隼 集

集								
모을 집								

확·인·학·습 31

1. 다음 한자어(漢字語)의 독음을 쓰세요.

   (1) 意中 (   )   (2) 重用 (   )
   (3) 土地 (   )   (4) 全紙 (   )
   (5) 集計 (   )   (6) 直角 (   )

2. 다음 한자(漢字)의 훈(訓)과 음(音)을 쓰세요.

   (1) 集 (   )   (2) 地 (   )
   (3) 直 (   )   (4) 中 (   )
   (5) 紙 (   )   (6) 重 (   )

3. 다음(   )에 들어갈 한자(漢字)를 예(例)에서 찾아 그 번호를 쓰세요.

예(例)	① 集	② 直	③ 重
	④ 紙	⑤ 地	⑥ 中

   (1) (   )小成大
   (2) 二(   )窓門
   (3) 新聞(   )上
   (4) 天(   )人

   ✏️ 다음 한자를 필순에 맞게 여러 번 써 보세요.

   重   中   地   紙   直   集

정답

1. (1) 의중   (2) 중용   (3) 토지   (4) 전지   (5) 집계   (6) 직각
2. (1) 모을 집   (2) 따(땅) 지   (3) 곧을 직   (4)가운데 중   (5) 종이 지   (6) 무거울 중
3. (1) ①   (2) ③   (3) ④   (4) ⑤

자

窓 창 창

6급Ⅱ

穴 | 6획

벽에 창(厶)으로 구멍(穴)을 뚫어 마음(心)이 시원하고 밝도록 창문(窓)을 만든다는 의미이다.

비 密(빽빽할 밀)

읽기한자

東窓(동창) : 동쪽으로 난 창
車窓(차창) : 차의 창문
窓口(창구) : 창을 뚫어 놓은 곳
窓門(창문) : 공기나 빛이 들어올 수 있도록 벽에 놓은 작은 문
同窓(동창) : 같은 학교에서 배움

활용문

중앙에 여닫이 큰 窓門(창문)이 있고, 벽에는 뻐꾹時計(시계)와 달력이 걸려 있습니다.

필순 丶 丶 宀 宀 宇 空 空 空 窓 窓 窓

窓							
창 창							

川 내 천

7급

川(巛) | 0획

양 쪽 기슭 사이를 물이 흐르고 있는 모양에서 내, 하천(川)을 의미한다.

반 山(메 산)

읽기한자

大川(대천) : 이름난 큰 내
山川(산천) : 산과 내. 자연을 이르는 말
名川(명천) : 이름난 강이나 내
山川草木(산천초목) : 산과 내, 풀과 나무, 곧 자연을 이르는 말

활용문

우리나라 山川(산천)도 무척 아름답다.

필순 丿 刂 川

川							
내 천							

千 7급

일천 **천**

十 | 1획

사람이 앞으로 나아가는 모습과
十자를 포개 놓아, 十의 백 배,
百의 열 배의 것을 말한다.

비 午(낮 오)
　牛(소 우)

읽기한자

千金(천금) : 많은 돈
千秋(천추) : 먼 세월
千萬(천만) : 만의 천 배가 되는 수
千字文(천자문) : 중국 양나라의 주흥사가 지은 사언고시 250구로
　　　　　　　　　이루어진 책

활용문

이 자동차는 千萬(천만)원입니다.

필순 ノ 二 千

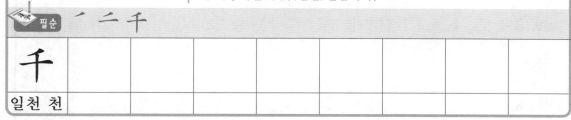

千

일천 천

天 7급

하늘 **천**

大 | 1획

양손·양발을 벌리고 서있는 사
람(大)의 머리 위에 크게 펼쳐
있는(一) 하늘(天)을 의미한다.

동 乾(하늘 건)
반 地(따 지)
　坤(따 곤)

읽기한자

天堂(천당) : 천국
天幸(천행) : 하늘이 준 다행
天運(천운) : 하늘이 정한 운수. 자연히 돌아오는 운수
天才(천재) : 선천적으로 타고난 뛰어난 재주
天體(천체) : 우주에 존재하는 물체의 총칭
天國(천국) : 하늘나라
天地(천지) : 하늘과 땅
天生(천생) : 하늘로부터 타고남
秋天(추천) : 가을 하늘
天文學(천문학) : 우주의 구조를 연구하는 학문

활용문

형은 天文學(천문학)을 연구하고 있습니다.

필순 ノ 二 三 天

天

하늘 천

8급

靑

푸를 청

靑 | 0획

풀잎의 색깔처럼 파랗게 맑은 우물의 물색에서 파랗게(靑) 투명한 색깔을 의미한다.

비 淸(맑을 청)
동 綠(푸를 록)

📖 읽기한자

靑果(청과) : 신선한 채소, 과일
靑旗(청기) : 푸른 빛깔의 기
靑春(청춘) : 스무 살 안팎의 젊은 남녀
靑色(청색) : 푸른 빛깔

✏️ 쓰기한자

靑山(청산) : 풀과 나무가 무성한 푸른 산
靑軍(청군) : 운동 경기에서 푸른 쪽의 편
靑年(청년) : 한창 나이의 사람

활용문

靑山(청산)에 살어리랏다.

필순 一 二 ≠ 圭 丰 青 青 青

靑									
푸를 청									

6급 II

淸

맑을 청

氵(水) | 8획

푸릇푸릇한 풀잎처럼, 파랗게(靑) 맑은 물(氵)의 아름다움에서 맑다(靑)는 의미이다.

비 靑(푸를 청)
반 濁(흐릴 탁)

📖 읽기한자

淸明(청명) : 날씨가 맑고 밝음
淸算(청산) : 상호간에 채무 관계를 셈하여 깨끗이 정리함
淸正(청정) : 맑고 바름
淸風(청풍) : 맑은 바람

활용문

이렇게 해서 압록강에서 淸川江(청천강)까지 뒤쫓아온 적병들은 더 이상 싸울 기운을 잃고 땅바닥에 주저앉았습니다.

필순 丶 冫 氵 汁 沣 沣 洼 清 清 清 清

淸									
맑을 청									

확·인·학·습 32

1. 다음 한자어(漢字語)의 독음을 쓰세요.

(1) 千萬 (   ) (2) 同窓 (   ) (3) 天生 (   )

(4) 名川 (   ) (5) 淸名 (   ) (6) 靑色 (   )

2. 다음 한자(漢字)의 훈(訓)과 음(音)을 쓰세요.

(1) 千 (   ) (2) 淸 (   ) (3) 天 (   )

(4) 靑 (   ) (5) 窓 (   ) (6) 川 (   )

3. 다음 훈(訓)과 음(音)에 맞는 한자(漢字)를 쓰세요.

(1) 가운데 중 (   )

(2) 푸를 청 (   )

4. 다음(   )에 들어갈 한자(漢字)를 예(例)에서 찾아 그 번호를 쓰세요.

예(例)	① 千	② 淸	③ 靑
	④ 窓	⑤ 川	⑥ 天

(1) (   )秋萬代   (2) (   )風明月

(3) 名山大(   )   (4) (   )天白日

✏ **다음 한자를 필순에 맞게 여러 번 써 보세요.**

窓 千 天 川 淸 靑

정답

1. (1) 천만 (2) 동창 (3) 천생 (4) 명천 (5) 청명 (6) 청색
2. (1) 일천 천 (2) 맑을 청 (3) 하늘 천 (4) 푸를 청 (5) 창 창 (6) 내 천
3. (1) 中 (2) 靑
4. (1) ① (2) ② (3) ⑤ (4) ③

體

6급Ⅱ

몸 체

骨 | 13획

뼈(骨)를 중심으로 내장과 같이 풍성하게(豊) 붙어서 된 것이 몸(體)이란 의미이다.

- 비 禮(예도 례)
- 동 身(몸 신)
- 반 心(마음 심)
- 약 体

읽기한자

物體(물체) : 물건의 형체
生體(생체) : 생물의 몸. 살아 있는 몸
弱體(약체) : 약한 몸. 약한 조직체
人體(인체) : 사람의 몸
一體(일체) : 한결같음. 같은 관계
體重(체중) : 몸의 무게. 몸무게

활용문

무대는 나오는 이들이 필요에 따라 全體(전체)를 책상 위의 風景(풍경)으로 꾸밀 수도 있습니다.

필순 �丨 冂 冃 骨 骨 骨 骨 骨 骨 骨ㄱ 骨 骨 骨 骨 骨 體 體 體 體 體 體 體 體 體

體					
몸 체					

草

7급

풀 초

艹(艸) | 6획

해가 아침 일찍(旱) 물 위로 나오듯이 빠르게 무성(艹)해지는 모습에서 잡풀(草)을 의미한다.

- 비 旱(이를 조)

읽기한자

草食(초식) : 푸성귀로만 만든 음식
草家(초가) : 볏짚, 밀짚, 갈대 등으로 지붕을 인 집
草木(초목) : 풀과 나무
花草(화초) : 꽃이 피는 풀과 나무 또는 꽃이 없더라도 관상용이 되는 모든 식물을 통틀어 이르는 말

활용문

토끼는 草食動物(초식동물)입니다.

필순 一 十 艹 艹 艹 苗 苗 苩 莒 草

草					
풀 초					

8급

마디 촌:

寸 | 0획

손(十) 바닥에서 맥을 짚는 곳 (丶)까지의 거리는 대개 한 치 (寸) 전후라는 의미이다.

비 村(마을 촌)

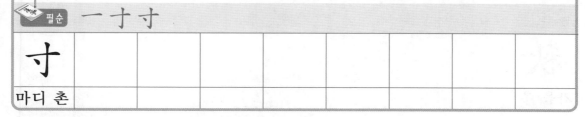

읽기한자

寸功(촌공) : 작은 공로
寸意(촌의) : 약소한 뜻
方寸(방촌) : 한 치 사방의 넓이
寸數(촌수) : 친족 사이의 멀고 가까운 정도를 나타내는 수

쓰기한자

三寸(삼촌) : 아버지의 형제
寸外(촌외) : 십촌이 넘는 먼 친척
寸土(촌토) : 얼마 안 되는 좋은 논 밭

활용문

三寸(삼촌)하고 놀이동산에 갔습니다.

필순 一 丁 寸

寸							
마디 촌							

7급

마을 촌:

木 | 3획

나무(木)가 조금(寸) 자라고 있는 곳에 사람이 모여 산다는 것에서 마을(村)이라는 의미이다.

비 寸(마디 촌)
동 里(마을 리)

읽기한자

集村(집촌) : 집들이 한곳에 모여 이룬 마을
村里(촌리) : 촌에 이루어진 부락
村名(촌명) : 마을 이름
村民(촌민) : 시골에서 사는 백성
村長(촌장) : 마을의 일을 맡아보는 대표자
江村(강촌) : 강가에 있는 마을
山村(산촌) : 산속에 자리한 마을

활용문

農村(농촌)에서 도시로 많은 사람들이 이주했다.

필순 一 十 オ 木 木 村 村

村							
마을 촌							

秋

7급

가을 **추**

禾 | 4획

벼(禾)가 불(火)빛 같은 태양에 익는 계절이니 가을(秋)이란 의미이다.

반 春(봄 춘)

읽기한자

秋分(추분) : 백로와 한로 사이에 있는 절기로, 양력 9월 20일 전후에 들며, 태양이 추분점에 이르러 낮과 밤의 길고 짧음이 같게 됨

秋氣(추기) : 가을철다운 기운　　秋冬(추동) : 가을과 겨울
春秋(춘추) : 봄과 가을. 나이　　千秋(천추) : 오랜 세월
秋月(추월) : 가을 달　　　　　　秋日(추일) : 가을 날
秋夕(추석) : 한가위. 음력 8월 15일
立秋(입추) : 24절기의 하나. 가을이 시작되는 시기

활용문

매년 秋夕(추석)만 되면 민족의 대이동이 시작된다.

필순 一 二 千 禾 禾 禾 秒 秋 秋

秋

가을 추

春

7급

봄 **춘**

日 | 5획

따뜻한 햇살(日)에 초목의 새순이 돋아나기 시작하는 계절에서 봄(春)을 의미한다.

반 秋(가을 추)

읽기한자

新春(신춘) : 첫봄. 새봄
春氣(춘기) : 봄날의 화창한 기운
春山(춘산) : 봄철의 산
立春(입춘) : 24절기의 하나. 봄이 시작되는 시기
春三月(춘삼월) : 봄 경치가 가장 좋은 철. 봄의 끝달인 음력 3월
春花秋日(춘화추일) : 봄철의 꽃과 가을철의 달을 가리키는 말로 자연계의 아름다움을 가리키는 말

활용문

靑春(청춘)남녀가 공원에서 데이트를 하고 있습니다.

필순 一 二 三 声 夫 未 春 春 春

春

봄 춘

1. 다음 한자어(漢字語)의 독음을 쓰세요.

   (1) 寸數 (   )   (2) 秋冬 (   )
   (3) 物體 (   )   (4) 草家 (   )
   (5) 春花 (   )   (6) 村民 (   )

2. 다음 한자(漢字)의 훈(訓)과 음(音)을 쓰세요.

   (1) 秋 (   )   (2) 村 (   )
   (3) 春 (   )   (4) 寸 (   )
   (5) 草 (   )   (6) 體 (   )

3. 다음(   )에 들어갈 한자(漢字)를 예(例)에서 찾아 그 번호를 쓰세요.

예(例)	① 春	② 村	③ 草
	④ 寸	⑤ 體	⑥ 秋

   (1) (   )家三間
   (2) 二八靑(   )
   (3) 一日三(   )
   (4) 立(   )地圖

✏️ 다음 한자를 필순에 맞게 여러 번 써 보세요.

   體   草   村   寸   秋   春

정답
1. (1) 촌수   (2) 추동   (3) 물체   (4) 초가   (5) 춘화   (6) 촌민
2. (1) 가을 추 (2) 마을 촌 (3) 봄 춘   (4) 마디 촌 (5) 풀 초   (6) 몸 체
3. (1) ③   (2) ①   (3) ⑥   (4) ⑤

出

7급

날 출

凵 | 3획

풀이 여기저기 어우러져 만들어진 모양에서 나오다, 내다(出)는 의미이다.

통 生(날 생)
반 入(들 입)

읽기한자

出發(출발) : 길을 떠나 나감. 일을 시작하여 나감
出身(출신) : 무슨 지방이나 파벌 학교 직장 등으로부터 나온 신분
出題(출제) : 문제를 냄
出現(출현) : 나타남. 나타나서 보임
各出(각출) : 각각 나옴. 각각 내놓음
出口(출구) : 나가는 곳
出生地(출생지) : 세상에 태어난 그 땅
出入門(출입문) : 나가는 문

활용문

화재시에 出口(출구)를 찾지 못해 희생자들이 많았다.

필순 丨 屮 屮 出 出

出							
날 출							

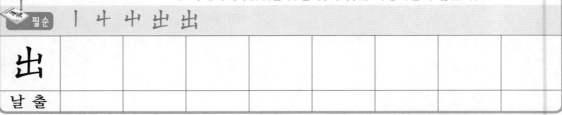

七

8급

일곱 칠

一 | 1획

다섯 손가락에 두 손가락을 십자형으로 포개서 일곱을 나타냈다.

읽기한자

七夕(칠석) : 음력 7월 7일 날. 견우와 직녀가 까치가 만들어준 오작교에서 만난다는 날
七角形(칠각형) : 일곱 개의 선분으로 둘러싸인 평면도형

쓰기한자

七月(칠월) : 일곱 번째 달
七日(칠일) : 일곱 번째 날
七十(칠십) : 일흔

활용문

우리 아버지의 연세는 올해로 七十(칠십)이 되신다.

필순 一 七

七							
일곱 칠							

土

8급

흙 **토**

土 | 0획

초목이 새눈을 내미는 것에서 흙(土)을 의미한다.

비 士(선비 사)

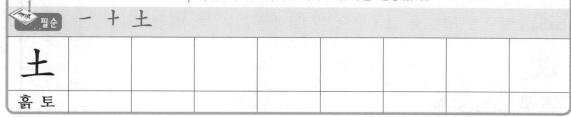

📖 읽기한자

土地(토지) : 사람의 생활에 쓰이는 땅
農土(농토) : 농사 짓는 땅
風土(풍토) : 기후와 토지의 상태

✏️ 쓰기한자

土山(토산) : 흙으로만 이루어진 산
國土(국토) : 나라의 땅
土木(토목) : 가옥, 도로 등 재료를 목재나 철재로 사용하는 모든 공사를 일컫는 총칭
土木學(토목학) : 토목에 관한 연구나 실제를 연구하는 공학의 한 부분

💬 활용문

형은 대학교에서 土木(토목)과를 전공했다.

필순 一 十 土

土								
흙 토								

八

8급

여덟 **팔**

八 | 0획

엄지손가락 둘을 구부린 여덟(八)개의 손가락의 모양을 본떴다.

비 入(들 입)
　人(사람 인)

📖 읽기한자

八道(팔도) : 우리나라 전체를 이르는 말
八等身(팔등신) : 몸의 균형이 잡힌 미인의 표준

✏️ 쓰기한자

八十(팔십) : 여든
八月(팔월) : 일년 중 여덟 번째의 달
八寸(팔촌) : 촌수로 여덟 촌수 사이
七八月(칠팔월) : 7월과 8월
十中八九(십중팔구) : 열 중에서 여덟이나 아홉

💬 활용문

많은 사람들이 八月(팔월)에 피서를 떠납니다.

 필순 丿 八

八								
여덟 팔								

파

便

7급

편할 편(:)
똥오줌 변

亻(人) | 7획

사람(人)은 불편한 것을 고쳐서
(更) 편해(便)지려고 한다는 의
미이다.

圄 安(편안 안)
康(편안 강)

읽기한자

用便(용변) : 대변이나 소변을 봄
便利(편리) : 편하고 이로우며 이용하기가 쉬움
形便(형편) : 일이 되어가는 모양이나 경로. 살림살이의 형세
便安(편안) : 무사함. 거북하지 않고 한결같이 좋음
不便(불편) : 편하지 못함
男便(남편) : 부부 중에서 남자쪽을 이르는 말
人便(인편) : 오가는 사람의 편
車便(차편) : 차가 오가는 편, 또는 그 기회
便紙紙(편지지) : 편지를 쓰는 종이
便所(변소) : 대·소변을 보는 곳

활용문

不便(불편)한 사항이 있으면 즉시 말 하세요.

필순 ノ 亻 亻 亻 佰 佰 佰 佰 便 便

便						
편할 편						

平

7급 II

평평할 평

干 | 2획

부초가 물에 떠 있는 모양에서
평평하다, 평지, 평온(平)을 의
미한다.

읽기한자

平等(평등) : 차별이 없이 고르고 한결 같음
和平(화평) : 마음이 기쁘고 평안함
平和(평화) : 전쟁이나 무력 충돌없이 국제적, 국내적으로 사회가
　　　　　　평온한 상태
公平(공평) : 어느 한쪽으로 치우치지 않고 똑같이 나눔
平面(평면) : 평평한 표면
平年(평년) : 윤년이 아닌 해. 농사가 보통으로 된 해
平民(평민) : 벼슬이 없는 일반인
平生(평생) : 일생

활용문

平面(평면) 텔레비전이 많이 보급되었다.

필순 一 ㇒ 六 二 平

平						
평평할 평						

확·인·학·습 34

1. 다음 한자어(漢字語)의 독음을 쓰세요.

(1) 出發 (   ) (2) 便利 (   ) (3) 八月 (   )
(4) 土山 (   ) (5) 平等 (   ) (6) 七十 (   )

2. 다음 한자(漢字)의 훈(訓)과 음(音)을 쓰세요.

(1) 七 (   ) (2) 土 (   ) (3) 八 (   )
(4) 出 (   ) (5) 平 (   ) (6) 便 (   )

3. 다음 훈(訓)과 음(音)에 맞는 한자(漢字)를 쓰세요.

(1) 흙 토   (   )   (2) 일곱 칠 (   )
(3) 여덟 팔 (   )   (4) 마디 촌 (   )

4. 다음(   )에 들어갈 한자(漢字)를 예(例)에서 찾아 그 번호를 쓰세요.

| 예(例) | ① 太 | ② 特 | ③ 八 |
| | ④ 七 | ⑤ 通 | ⑥ 土 |

(1) (   )方美人   (2) 萬事(   )平
(3) (   )用作物   (4) (   )木工事

✎ 다음 한자를 필순에 맞게 여러 번 써 보세요.

出   七   土   八   便   平

정답

1. (1) 출발   (2) 편리   (3) 팔월   (4) 토산   (5) 평등   (6) 칠십
2. (1) 일곱 칠 (2) 흙 토   (3) 여덟 팔 (4) 날 출   (5) 평평할 평
   (6) 편할 편/똥오줌 변
3. (1) 土   (2) 七   (3) 八   (4) 寸
4. (1) ③   (2) ①   (3) ②   (4) ⑥

表

6급 II

겉　표

衣 | 3획

털(毛-土) 옷(衣)을 겉(表)에 입고 밖으로 나타난다(表)는 의미이다.

[비] 衣(옷 의)
[반] 裏(속 리)

읽기한자

表面(표면) : 거죽으로 드러난 면
表記(표기) : 겉으로 표시하여 기록함
表明(표명) : 표시하여 명백히 함
表出(표출) : 겉으로 나타내거나 나타남
表紙(표지) : 책의 겉장이나 뚜껑
表現(표현) : 사상·감정 등을 드러내어 나타냄

활용문

이 책은 表紙(표지)가 너무 두꺼운 것 같네요.

필순 一 二 キ キ 主 主 丰 丰 表 表

表						
겉 표						

風

6급 II

바람　풍

風 | 0획

보통(凡) 벌레(虫)들은 햇볕보다 바람(風)을 싫어한다는 의미이다.

읽기한자

風力(풍력) : 바람의 세기
風物(풍물) : 농악에 쓰이는 악기들을 일컬음
風水(풍수) : 바람과 물
風月主人(풍월주인) : 좋은 경치를 관람하는 주인공

활용문

風物(풍물)놀이에서 음을 연주하는 악기는 무엇입니까?

필순) 几 几 凡 凡 凬 鳳 風 風 風

風						
바람 풍						

<table>
<tr><td>

下

7급Ⅱ

아래 **하:**

一 | 2획

가로선을 한 줄 긋고, 그 아래에 표시를 한 형태로 아래(下)를 의미한다.

반 上(윗 상)

</td><td>

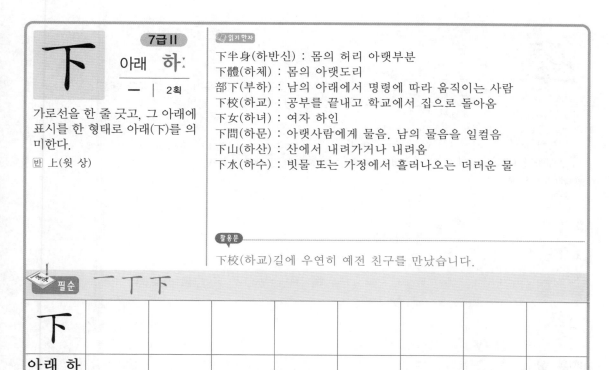

읽기한자

下半身(하반신) : 몸의 허리 아랫부분
下體(하체) : 몸의 아랫도리
部下(부하) : 남의 아래에서 명령에 따라 움직이는 사람
下校(하교) : 공부를 끝내고 학교에서 집으로 돌아옴
下女(하녀) : 여자 하인
下問(하문) : 아랫사람에게 물음. 남의 물음을 일컬음
下山(하산) : 산에서 내려가거나 내려옴
下水(하수) : 빗물 또는 가정에서 흘러나오는 더러운 물

활용문

下校(하교)길에 우연히 예전 친구를 만났습니다.

</td></tr>
</table>

 필순 一 丁 下

下								
아래 하								

<table>
<tr><td>

夏

7급

여름 **하:**

夂 | 7획

천천히 걸어도(夂) 머리(頁)에 땀이 나는 여름(夏)이라는 의미이다.

반 冬(겨울 동)

</td><td>

읽기한자

夏冬(하동) : 여름과 겨울
夏日(하일) : 여름날
夏時(하시) : 여름철
夏海(하해) : 여름 바다
夏花(하화) : 여름철의 꽃
立夏(입하) : 24절기의 하나로 여름이 시작되는 시기이다
春夏秋冬(춘하추동) : 봄 · 여름 · 가을 · 겨울

활용문

立夏(입하)가 지나니 날씨가 제법 더워졌습니다.

</td></tr>
</table>

필순 一 一 一 一 丆 百 百 百 頁 頁 夏 夏

夏								
여름 하								

하

學

8급

배울 **학**

子 | 13획

아이들(子)이 서당(冖)에서 두 손으로, 책을 잡고(臼) 스승을 본받으며(爻) 글을 배운다는 데서, '배우다'(學)는 의미이다.

반 教(가르칠 교)
약 学

읽기한자

學部(학부) : 학생들을 묶은 집단
學風(학풍) : 학문상의 경향
學會(학회) : 학문의 연구, 장려를 목적으로 조직한 단체
共學(공학) : 남학생과 여학생이 함께 배움

쓰기한자

學年(학년) : 1년간의 수학기에 따라서 구별한 학교의 단계
學生(학생) : 학교에서 공부하는 사람

활용문

저는 내년이면 6學年(학년)에 올라갑니다.

필순 ′ ′ ′ ′ ′ ′ ′ ′ ′ ′ ′ ′ ′ ′ ′ 臼 臼 臼 臼 臼 臼 臼 學 學

學							
배울 학							

韓

8급

한국
나라 **한(:)**

韋 | 8획

해가 돋는(卓) 동방의 위대한(韋) 나라인 한국(韓)이란 의미이다.

비 漢(한수 한)

읽기한자

韓紙(한지) : 우리나라 고유의 제조법으로 만든 종이
對韓(대한) : 한국에 관한 일

쓰기한자

韓國(한국) : 우리 나라의 명칭인 대한민국을 일컫는 약칭
韓日(한일) : 한국과 일본
三韓(삼한) : 부족 국가 시대의 마한, 변한, 진한을 이르는 말
北韓(북한) : 남북으로 갈라진 한국의 북쪽
韓中日(한중일) : 한국, 중국, 일본을 함께 이르는 말
大韓民國(대한민국) : 우리나라의 공식명칭

활용문

2002 韓日(한일)월드컵이 성공적으로 마무리 됐습니다.

필순 一 十 宀 古 古 直 直 卓 卓 𩏑 𩏑 𩏑 𩏑 𩏑 韓 韓

韓							
한국 한							

1. 다음 한자어(漢字語)의 독음을 쓰세요.

(1) 學部 (   ) (2) 風物 (   ) (3) 下水 (   )
(4) 對韓 (   ) (5) 表記 (   ) (6) 夏時 (   )

2. 다음 한자(漢字)의 훈(訓)과 음(音)을 쓰세요.

(1) 表 (   ) (2) 風 (   ) (3) 夏 (   )
(4) 下 (   ) (5) 韓 (   ) (6) 學 (   )

3. 다음 훈(訓)과 음(音)에 맞는 한자(漢字)를 쓰세요.

(1) 배울 학   (   )
(2) 한국/나라(이름) 한   (   )

4. 다음(   )에 들어갈 한자(漢字)를 예(例)에서 찾아 그 번호를 쓰세요.

예(例)	① 風	② 夏	③ 下
	④ 表	⑤ 韓	⑥ 學

(1) 萬里同(   )   (2) (   )意文字
(3) 三日天(   )   (4) 春(   )秋冬

✏ **다음 한자를 필순에 맞게 여러 번 써 보세요.**

表   風   下   夏   學   韓

하

정답

1. (1) 학부   (2) 풍물   (3) 하수   (4) 대한   (5) 표기   (6) 하시
2. (1) 겉 표   (2) 바람 풍   (3) 여름 하   (4) 아래 하   (5) 한국/나라 한 (6) 배울 학
3. (1) 學   (2) 韓
4. (1) ①   (2) ④   (3) ③   (4) ②

漢

7급 II

한수/한나라 **한:**

氵(水) | 11획

원래 큰 불로 태운 밭의 흙인데 메마른 하천의 의미가 되고, 후에 중국의 나라이름이 되었다.

읽기한자

漢江(한강) : 한국의 중부, 서울에서 서해로 들어가는 강. 남한강과 북한강의 두 강으로 갈렸음
漢文學(한문학) : 한문을 연구하는 학문. 중국의 문학
漢方(한방) : 한약을 만드는 곳
漢文字(한문자) : 중국 한대의 문자

활용문

그 분은 유능하신 漢文學(한문학) 교수입니다.

필순 ` ` 氵 氵 汀 汗 芦 芦 芦 芦 淖 淖 淖 漢 漢

漢						
한수 한						

海

7급 II

바다 **해:**

氵(水) | 7획

강물(氵)은 매양(每) 바다(海)로 통한다는 의미이다.

비 梅(매화 매)
동 洋(큰바다 양)

읽기한자

海圖(해도) : 바다의 높낮이 및 항로 표시를 해놓은 지도
公海(공해) : 세계 각국이 공동으로 쓰는 바다
人海戰術(인해전술) : 많은 인원으로 상대방을 제압하는 전술
海面(해면) : 바닷물의 겉쪽
海國(해국) : 사방이 바다에 둘러싸인 나라. 섬나라
海上(해상) : 바다 위
海軍(해군) : 바다에서 전투 및 방어하기 위하여 조직된 군대
海女(해녀) : 바다 속에서 해삼이나 전복, 미역 등을 따는 것을 업으로 하는 여자

활용문

이번 작전에는 海軍(해군)의 힘이 꼭 필요합니다.

필순 ` ` 氵 氵 汒 汇 浐 海 海 海 海

海						
바다 해						

幸

6급 II

다행 **행:**

干 | 5획

젊은 나이에 죽어야 했을(夭) 사람이 사지에서 벗어난다(屰)고 하는 것에서 행복(幸)을 의미한다.

비 辛(매울 신)

📖 읽기 한자

不幸(불행) : 행복하지 아니함
幸運(행운) : 행복한 운명
天幸(천행) : 하늘이 준 행운

활용문

우리에게는 幸運(행운)이 따랐다.

필순 一 十 土 士 圥 圥 幸 幸

幸							
다행 행							

現

6급 II

나타날 **현:**

王(玉) | 7획

옥(玉)을 갈고 닦으면 아름다운 빛깔이 드러난다(見)는 데서, 나타나다(現)는 의미이다.

동 顯(나타날 현)
반 消(사라질 소)

📖 읽기 한자

出現(출현) : 나타나거나 또는 나타나서 보임
現代(현대) : 지금의 시대
現時(현시) : 지금 이때

활용문

現代(현대)에 와서는 종이 만드는 기술과 인쇄술이 매우 발달하여 좋은 책을 대량으로 만들 수 있게 됨으로써 책을 읽는 사람과 책의 종류가 나날이 늘어가고 있습니다.

필순 一 二 王 王 刲 玎 玥 珇 珇 現 現

現							
나타날 현							

하

兄

8급

형 형

儿 | 3획

먼저 태어나 걸음마(儿)를 하고 어린 사람에게 말(口)로 지시를 하여 윗사람(兄)을 의미한다.

[반] 弟(아우 제)

읽기한자

兄夫(형부) : 언니의 남편
老兄(노형) : 남자 어른이 자기보다 나이를 여남은살 더 먹은 비슷한 지위의 남자를 높여 이르는 말

쓰기한자

兄弟(형제) : 형과 아우
學兄(학형) : 학우를 서로 높이는 말
三兄弟(삼형제) : 형제가 세 명
學父兄(학부형) : 학생의 부모와 형제
父母兄弟(부모형제) : 아버지, 어머니, 형, 동생

활용문

三兄弟(삼형제)가 모두 쌍둥이입니다.

필순 ⌉ 冂 冂 尸 兄

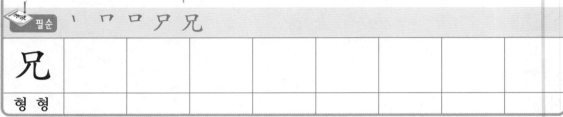

兄							
형 형							

形

6급 II

모양 형

彡 | 4획

아름다운 선으로 그린 테두리의 모양에서 모양, 형태(形)를 의미한다.

[비] 刑(형벌 형)
[동] 樣(모양 양)
　　態(모양 태)

읽기한자

形色(형색) : 몸매와 얼굴의 생김새
形成(형성) : 어떠한 모양을 이룸
形體(형체) : 물건의 생김새와 그 바탕이 되는 몸
形便(형편) : 일이 되어가는 모양이나 경로

활용문

形色(형색)이 초라해 보였습니다.

필순 ⼀ ⼆ 于 开 开 形 形

形							
모양 형							

1. 다음 한자어(漢字語)의 독음을 쓰세요.

   (1) 形色 (   )   (2) 海圖 (   )
   (3) 出現 (   )   (4) 學兄 (   )
   (5) 幸運 (   )   (6) 漢江 (   )

2. 다음 한자(漢字)의 훈(訓)과 음(音)을 쓰세요.

   (1) 現 (   )   (2) 形 (   )
   (3) 兄 (   )   (4) 漢 (   )
   (5) 幸 (   )   (6) 海 (   )

3. 다음(   )에 들어갈 한자(漢字)를 예(例)에서 찾아 그 번호를 쓰세요.

예(例)	① 現	② 漢	③ 兄
	④ 海	⑤ 形	⑥ 幸

   (1) 敎育(   )字
   (2) 四海(   )弟
   (3) (   )代社會
   (4) 直四角(   )

   ✏ 다음 한자를 필순에 맞게 여러 번 써 보세요.

   漢   海   幸   現   形   兄

하

정답

1. (1) 형색   (2) 해도   (3) 출현   (4) 학형   (5) 행운   (6) 한강
2. (1) 나타날 현 (2) 모양 형 (3) 형 형   (4) 한수/한나라 한(5) 다행 행   (6) 바다 해
3. (1) ②   (2) ③   (3) ①   (4) ⑤

火 불 화(ː)

8급

火 | 0획

불이 타고 있는 모양을 본떴다.

[반] 水(물 수)

火急(화급) : 매우 급함
火藥(화약) : 가스와 열을 발생하는 모든 물질의 총칭
發火(발화) : 불이 일어남   放火(방화) : 불을 지름
火力(화력) : 불의 힘

쓰기 한자

火木(화목) : 땔 나무
火山(화산) : 용암을 내뿜는 산. 또는 그런 분출물이 부근에 높이 쌓
　　　　　 인 산
火中(화중) : 불 속
火山學(화산학) : 화산 현상에 관해 연구하는 학문

활용문

백두산, 한라산 모두 火山(화산)입니다.

 필순 　丶　丶丿少火

火						
불 화						

話 말씀 화

7급Ⅱ

言 | 6획

혀(舌)와 입술을 사용하여 마음의 생각을 얘기(言)해 전하는 것에서 말하다(話)는 의미이다.

[통] 語(말씀 어)
　　談(말씀 담)
　　言(말씀 언)
　　說(말씀 설)

읽기 한자

話題(화제) : 이야기의 제목
童話(동화) : 동심을 기조로 하여 지은 이야기
神話(신화) : 신의 이야기를 엮은 설화
話語(화어) : 일상 쓰는 말
面話(면화) : 서로 마주 대하여 이야기함. 만나서 의논함. 면담
電話(전화) : 전파나 전류의 작용으로 먼 곳에 말을 보내고 받게 만
　　　　　 든 기계

활용문

나도 手話(수화)를 배워볼까 합니다.

필순 　丶　亠　亍　言　言　言　言　訁　訐　話　話　話

話						
말씀 화						

花

7급

꽃 **화**

艹(艸) | 4획

풀(艹)의 모습이 변하는(化) 것에서 꽃(花)을 의미한다.

花代(화대) : 잔치 때에 기생이나 광대에게 주는 물건이나 돈
花信(화신) : 꽃이 핌을 알리는 소식
花心(화심) : 미인의 마음
花王(화왕) : 모란. 탐스럽고 찬란하여 '꽃 중의 꽃' 이라는 뜻
花月(화월) : 꽃과 달. 꽃 위에 비치는 달
花海(화해) : 꽃이 널리 만발하여 있는 모양
花天月地(화천월지) : 꽃이 핀, 달밤의 경치
木花(목화) : 솜을 만드는 꽃

활용문

木花(목화)로 솜을 만든다는 것을 지금 알았습니다.

필순 一 十 ㅛ 끅 ヴ ヴ 花

花							
꽃 화							

和

6급 II

화할 **화**

口 | 5획

벼(禾)가 잘 익어 기뻐 말(口)하고 있는 것에서 온화하다, 부드럽다(和)는 의미이다.

[비] 私(사사 사)
利(이할 리)
[반] 競(겨룰 경)
爭(다툴 쟁)
戰(싸움 전)

 읽기한자

和氣(화기) : 따스하고 화창한 일기
和色(화색) : 얼굴에 드러난 환한 빛

활용문

노예를 해방시켜 인류 平和(평화)에 공헌한 링컨은 어려운 환경에서도 책읽기를 게을리하지 않았습니다.

필순 丿 二 千 禾 禾 和 和 和

和							
화할 화							

하

活

7급 II

살 **활**

氵(水) | 6획

혀(舌)를 정신없이 놀리며 먹듯이 활발히 움직이는 물(氵)의 형상에서 살다(活)라는 의미이다.

비 話(말씀 화)
동 生(날 생)
반 死(죽을 사)

읽기 한자
활기 한자

活用(활용) : 이리 저리 잘 응용함
活氣(활기) : 활동하는 원기. 활발한 기개나 기운
活力(활력) : 살아 움직이는 힘. 활동하는 힘
活字(활자) : 활판을 짜기 위해 납 등을 원료로 주조한 글자
生活(생활) : 살아서 활동함. 생계를 유지하여 살아 나감
活火山(활화산) : 지금도 화산 활동을 계속하고 있는 화산

활용문

모두들 活氣(활기)있는 모습으로 일에 열중했다.

필순 丶丶氵氵沪沪汗活活

活							
살 활							

會

6급 II

모일 **회:**

日 | 9획

사람의 얼굴에 눈, 귀, 코, 입 따위가 모인 모양을 본뜬 글자로, 모이다(會)는 의미이다.

동 集(모일 집)
　 社(모일 사)
반 散(흩을 산)
　 離(떠날 리)
약 会

읽기 한자

會食(회식) : 여러 사람이 모여 같이 음식을 먹음
會話(회화) : 서로 만나서 이야기함
會心(회심) : 마음에 맞음
會計(회계) : 금전이나 물품의 출납계산

활용문

電信會社(전신회사)에 다니다 뉴욕으로 간 그는 고장난 기계를 새로 만들어 주고 큰돈을 받았다.

필순 丿人人人人今今令令令會會會會

會							
모일 회							

1. 다음 한자어(漢字語)의 독음을 쓰세요.

   (1) 火力 (   ) (2) 會計 (   ) (3) 和氣 (   )
   (4) 花月 (   ) (5) 自活 (   ) (6) 手話 (   )

2. 다음 한자(漢字)의 훈(訓)과 음(音)을 쓰세요.

   (1) 火 (   )   (2) 和 (   )   (3) 話 (   )
   (4) 會 (   )   (5) 活 (   )   (6) 花 (   )

3. 다음 훈(訓)과 음(音)에 맞는 한자(漢字)를 쓰세요.

   (1) 형 형 (   )
   (2) 불 화 (   )

4. 다음(   )에 들어갈 한자(漢字)를 예(例)에서 찾아 그 번호를 쓰세요.

예(例)	① 話	② 和	③ 花
	④ 活	⑤ 會	⑥ 火

   (1) (   )山地形   (2) 神(   )時代
   (3) 生(   )體育   (4) (   )中王

   ✏️ 다음 한자를 필순에 맞게 여러 번 써 보세요.

   和   花   話   火   活   會

정답

1. (1) 화력   (2) 회계   (3) 화기   (4) 화월   (5) 자활   (6) 수화
2. (1) 불 화   (2) 화할 화   (3) 말씀 화   (4) 모일 회   (5) 살 활   (6) 꽃 화
3. (1) 兄   (2) 火
4. (1) ⑥   (2) ①   (3) ④   (4) ③

孝

7급 II

효도 효:

子 | 4획

자식(子)이 나이든 부모(老)를 등에 진 형태에서 효도하다(孝)라는 의미이다.

비 敎(가르칠 교)

읽기한자

不孝(불효) : 효도를 하지 않음
孝心(효심) : 효성이 있는 마음
孝女(효녀) : 효성이나 효행이 있는 딸
孝道(효도) : 부모를 잘 섬기는 도리
孝子(효자) : 부모를 잘 섬기는 아들
不孝子(불효자) : 효도를 하지 않는 자식

활용문

孝女(효녀) 심청이는 인당수에 몸을 던졌습니다.

필순 一 十 土 耂 耂 孝 孝

孝							
효도 효							

後

7급 II

뒤 후:

彳 | 6획

길(彳)을 걷는데 어린아이(幺)는 걸음이 느려(夂) 뒤진다(後)는 의미이다.

반 前(앞 전)
　先(먼저 선)

읽기한자

後半(후반) : 반으로 나눈 것의 뒷부분
後面(후면) : 뒤의 면. 뒷편
後記(후기) : 뒷날의 기록. 책 끝에 적은 글
後年(후년) : 다음 해. 뒤에 오는 해
後方(후방) : 중심으로부터 뒤쪽
後生(후생) : 뒤에 태어남. 또는 그 사람
後世(후세) : 뒤의 세상. 죽은 뒤에 오는 세상

활용문

편집 後記(후기)를 작성 중입니다.

필순 ノ ク 彳 彳 彳 彳 彳 後 後

後							
뒤 후							

休

7급

쉴 휴

亻(人) | 4획

사람(亻)이 큰 나무(木) 아래에서 잠시 쉬는 것에서 쉬다(休)라는 의미이다.

동 憩(쉴 게)

읽기한자

休業(휴업) : 업(業)을 하루나 한동안 쉼
休戰(휴전) : 전쟁 중 한때 전투 행위를 중지하는 일
休會(휴회) : 회(會)를 쉬는 일
公休日(공휴일) : 공(公)적으로 쉬기로 정해진 날. 곧 국경일이나 일요일 따위
休校(휴교) : 어떠한 사정에 의하여 학교의 과업을 한때 쉼
休日(휴일) : 일을 중지하고 노는 날
休紙(휴지) : 못쓰게 된 종이. 버리게 된 물건
休火山(휴화산) : 옛날에는 분화하였으나 현재는 분화하지 않는 화산

활용문

나는 이번 학기에 休學(휴학)을 할 예정입니다.

필순 ノ 亻 亻 什 休 休

休								
쉴 휴								

1. 다음 한자어(漢字語)의 독음을 쓰세요.

(1) 休日 (   )
(2) 孝子 (   )
(3) 後門 (   )

2. 다음 한자(漢字)의 훈(訓)과 음(音)을 쓰세요.

(1) 後   (   )
(2) 孝   (   )
(3) 休   (   )

3. 다음(   )에 들어갈 한자(漢字)를 예(例)에서 찾아 그 번호를 쓰세요.

예(例)	① 休	② 孝	③ 後

(1) 公(   )日
(2) 前(   )左右
(3) 不(   )子

✏ **다음 한자를 필순에 맞게 여러 번 써 보세요.**

孝   後   休

정답

1. (1) 휴일   (2) 효자   (3) 후문
2. (1) 뒤 후   (2) 효도 효   (3) 쉴 휴
3. (1) ①   (2) ③   (3) ②

漢字

(사) 한국어문회 주관 / 한국한자능력검정회 시행

부록 I

사자성어(四字成語)
반대자(反對字)
반대어(反對語)

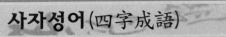

사자성어(四字成語)

四字成語			뜻
家内工業	7Ⅱ 7Ⅱ 7Ⅱ 6Ⅱ (가내공업)	6Ⅱ	집 안에서 단순한 기술과 도구로써 작은 규모로 생산하는 수공업
家庭教育	7Ⅱ 6Ⅱ 8 7 (가정교육)	6Ⅱ	가정의 일상생활 가운데 집안 어른들이 자녀들에게 주는 영향이나 가르침
各人各色	6Ⅱ 8 6Ⅱ 7 (각인각색)	6Ⅱ	사람마다 각기 다름
各自圖生	6Ⅱ 7Ⅱ 6Ⅱ 8 (각자도생)	6Ⅱ	제각기 살아 나갈 방법을 꾀함
高等動物	6Ⅱ 6Ⅱ 7Ⅱ 7Ⅱ (고등동물)	6Ⅱ	복잡한 체제를 갖춘 동물
公明正大	6Ⅱ 6Ⅱ 7Ⅱ 8 (공명정대)	6Ⅱ	하는 일이나 행동이 사사로움이 없이 떳떳하고 바름
國民年金	8 8 8 8 (국민연금)	8	일정 기간 또는 죽을 때까지 해마다 지급되는 일정액의 돈
南男北女	8 7Ⅱ 8 8 (남남북녀)	7Ⅱ	우리나라에서 남자는 남쪽 지방 사람이 잘나고 여자는 북쪽 지방 사람이 고움을 이르는 말
男女老少	7Ⅱ 8 7 7 (남녀노소)	7	남자와 여자, 늙은이와 젊은이란 뜻으로, 모든 사람을 이르는 말
男中一色	7Ⅱ 8 8 7 (남중일색)	7	남자의 얼굴이 썩 뛰어나게 잘생김
大明天地	8 6Ⅱ 7 7 (대명천지)	6Ⅱ	아주 환하게 밝은 세상
大韓民國	8 8 8 8 (대한민국)	8	우리나라의 국호(나라이름)
東問西答	8 7 8 7Ⅱ (동문서답)	7	묻는 말에 전혀 딴 말을 함
東西南北	8 8 8 8 (동서남북)	8	동쪽, 서쪽, 남쪽, 북쪽이라는 뜻으로, 모든 방향을 이르는 말
萬里長天	8 7 8 7 (만리장천)	7	아득히 높고 먼 하늘
名山大川	7Ⅱ 8 8 7 (명산대천)	7	이름난 산과 큰 내
門前成市	8 7Ⅱ 6Ⅱ 7Ⅱ (문전성시)	6Ⅱ	찾아오는 사람이 많음
百年大計	7 8 8 6Ⅱ (백년대계)	6Ⅱ	먼 뒷날까지 걸친 큰 계획
百萬大軍	7 8 8 8 (백만대군)	7	아주 많은 병사로 조직된 군대를 이르는 말
白面書生	8 7 6Ⅱ 8 (백면서생)	6Ⅱ	글만 읽고 세상물정을 하나도 모르는 사람
百發百中	7 6Ⅱ 7 8 (백발백중)	6Ⅱ	백 번 쏘아 백 번 맞힌다는 뜻으로, 총이나 활 따위를 쏠 때마다 겨눈 곳에 다 맞음을 이르는 말
不老長生	7Ⅱ 7 8 8 (불로장생)	7	늙지 아니하고 오래 삶
不立文字	7Ⅱ 7Ⅱ 7 7 (불립문자)	7	불도의 깨달음은 마음에서 마음으로 전하는 것이므로 말이나 글에 의지하지 않는다는 말

父母兄弟	8 8 8 8 (부모형제)	8	아버지 · 어머니 · 형 · 아우라는 뜻으로, 가족을 이르는 말
四面春風	8 7 7 6Ⅱ (사면춘풍)	6Ⅱ	누구에게나 좋게 대하는 일
四方八方	8 7Ⅱ 8 7Ⅱ (사방팔방)	7Ⅱ	여기 저기 모든 방향이나 방면
四海兄弟	8 7Ⅱ 8 8 (사해형제)	7Ⅱ	온 세상 사람이 모두 형제와 같다는 뜻으로, 친밀함을 이르는 말
山戰水戰	8 6Ⅱ 8 6Ⅱ (산전수전)	6Ⅱ	세상의 온갖 고생과 어려움을 다 겪었음을 이르는 말
山川草木	8 7 7 8 (산천초목)	7	산과 내와 풀과 나무, 곧 자연을 이르는 말
三三五五	8 8 8 8 (삼삼오오)	8	서너 사람 또는 대여섯 사람이 떼를 지어 다니거나 무슨 일을 함
三十六計	8 8 8 8 (삼십육계)	6Ⅱ	서른여섯 가지의 꾀. 많은 모계를 이름
上下左右	7Ⅱ 7Ⅱ 7Ⅱ 7Ⅱ (상하좌우)	7Ⅱ	위 · 아래 · 왼쪽 · 오른쪽을 이르는 말로, 모든 방향을 이름
生年月日	8 8 8 8 (생년월일)	8	태어난 해와 달과 날
世界平和	7Ⅱ 6Ⅱ 7Ⅱ 6Ⅱ (세계평화)	6Ⅱ	전 세계가 평온하고 화목함
世上萬事	7Ⅱ 7Ⅱ 8 7Ⅱ (세상만사)	7Ⅱ	세상에서 일어나는 온갖 일
時間問題	7Ⅱ 7Ⅱ 7 6Ⅱ (시간문제)	6Ⅱ	이미 결과가 뻔하여 조만간 저절로 해결될 문제
市民社會	7Ⅱ 8 6Ⅱ 6Ⅱ (시민사회)	6Ⅱ	신분적으로 구속에 지배되지 않으며, 자유롭고 평등한 개인의 이성적 결합으로 이루어진 사회
十中八九	8 8 8 8 (십중팔구)	8	열이면 그 가운데 여덟이나 아홉은 그러함
安心立命	7Ⅱ 7 7Ⅱ 7 (안심입명)	7	하찮은 일에 흔들리지 않는 경지
樂山樂水	6Ⅱ 8 6Ⅱ 8 (요산요수)	6Ⅱ	산과 물을 좋아한다는 것으로, 즉 자연을 좋아함
月下老人	8 7Ⅱ 7 8 (월하노인)	7	부부의 인연을 맺어 준다는 전설상의 늙은이
二八靑春	8 8 8 7 (이팔청춘)	7	16세 무렵의 꽃다운 청춘
人事不省	8 7Ⅱ 7Ⅱ 6Ⅱ (인사불성)	6Ⅱ	제 몸에 벌어지는 일을 모를 만큼 정신을 잃은 상태
人山人海	8 8 8 7Ⅱ (인산인해)	7Ⅱ	사람이 수없이 많이 모인 상태를 이르는 말
人海戰術	8 7Ⅱ 6Ⅱ 6Ⅱ (인해전술)	6Ⅱ	우수한 화기보다 다수의 병력을 투입하여 적을 압도하는 전술
一問一答	8 7 8 7Ⅱ (일문일답)	7	한 번 물음에 대하여 한 번 대답함

부록 I

一心同體	8 7 7 6Ⅱ (일심동체)	6Ⅱ	한마음 한 몸이라는 뜻으로, 서로 굳게 결합함을 이르는 말
一日三省	8 8 8 6Ⅱ (일일삼성)	6Ⅱ	하루에 세 가지 일로 자신을 되돌아보고 살핌
一日三秋	8 8 8 7 (일일삼추)	7	하루가 삼 년처럼 길게 느껴짐
一長一短	8 8 8 6Ⅱ (일장일단)	6Ⅱ	일면의 장점과 다른 일면의 단점을 통틀어 이르는 말
自問自答	7Ⅱ 7 7Ⅱ 7Ⅱ (자문자답)	7	스스로 묻고 스스로 대답함
自生植物	7 8 7 7 (자생식물)	7	산이나 들, 강이나 바다에서 저절로 나는 식물
自手成家	7Ⅱ 7Ⅱ 6Ⅱ 7Ⅱ (자수성가)	6Ⅱ	물려받은 재산이 없이 자기 혼자의 힘으로 집안을 일으키고 재산을 모음
全心全力	7Ⅱ 7 7Ⅱ 7Ⅱ (전심전력)	7	온 마음과 온 힘
地上天國	7 7Ⅱ 7 8 (지상천국)	7	이 세상에서 이룩되는 다시없이 자유롭고 풍족하며 행복한 사회
天下第一	7 7Ⅱ 6Ⅱ 8 (천하제일)	6Ⅱ	세상에 견줄 만한 것이 없이 최고임
靑天白日	8 7 8 8 (청천백일)	7	하늘이 맑게 갠 대낮
淸風明月	6Ⅱ 6Ⅱ 6Ⅱ 8 (청풍명월)	6Ⅱ	맑은 바람과 밝은 달
草食動物	7 7Ⅱ 7Ⅱ 7Ⅱ (초식동물)	7	풀을 주로 먹고 사는 동물
春夏秋冬	7 7 7 7 (춘하추동)	7	봄 · 여름 · 가을 · 겨울의 네 계절
土木工事	8 8 7Ⅱ 7Ⅱ (토목공사)	7Ⅱ	땅과 하천 따위를 고쳐 만드는 공사
八道江山	8 7Ⅱ 7Ⅱ 8 (팔도강산)	7	팔도의 강산이라는 뜻으로, 우리나라 전체의 강산을 이르는 말
下等動物	7Ⅱ 6Ⅱ 7Ⅱ 7Ⅱ (하등동물)	6Ⅱ	진화 정도가 낮아 몸의 구조가 단순한 원시적인 동물
形形色色	6Ⅱ 6Ⅱ 7 7 (형형색색)	6Ⅱ	상과 빛깔 따위가 서로 다른 여러 가지

반대자(反對字) – 뜻이 반대되는 한자(漢字)

江山	(강산)	7Ⅱ	–	8	水火	(수화)	8	–	8
高下	(고하)	6Ⅱ	–	7Ⅱ	心身	(심신)	7	–	6Ⅱ
教學	(교학)	8	–	8	日月	(일월)	8	–	8
南北	(남북)	8	–	8	入出	(입출)	7	–	7
男女	(남녀)	7Ⅱ	–	8	子女	(자녀)	7Ⅱ	–	8
內外	(내외)	7Ⅱ	–	8	昨今	(작금)	6Ⅱ	–	6Ⅱ
大小	(대소)	8	–	8	長短	(장단)	8	–	6Ⅱ
東西	(동서)	8	–	8	前後	(전후)	7Ⅱ	–	7Ⅱ
老少	(노소)	7	–	7	正反	(정반)	7Ⅱ	–	6Ⅱ
母子	(모자)	8	–	7Ⅱ	左右	(좌우)	7Ⅱ	–	7Ⅱ
問答	(문답)	7	–	7Ⅱ	中外	(중외)	8	–	8
物心	(물심)	7Ⅱ	–	7	天地	(천지)	7	–	7
父母	(부모)	8	–	8	春秋	(춘추)	7	–	7
父子	(부자)	8	–	7Ⅱ	出入	(출입)	7	–	7
上下	(상하)	7Ⅱ	–	7Ⅱ	夏冬	(하동)	7	–	7
先後	(선후)	8	–	7Ⅱ	兄弟	(형제)	8	–	8
手足	(수족)	7Ⅱ	–	7Ⅱ	和戰	(화전)	6Ⅱ	–	6Ⅱ

반대어(反對語) – 뜻이 반대되는 한자어(漢字語)

校外	(교외)	↔	校内	(교내)	8 8	↔	8 7Ⅱ
口語	(구어)	↔	文語	(문어)	7 7	↔	7 7
國内	(국내)	↔	國外	(국외)	8 7Ⅱ	↔	8 8
男子	(남자)	↔	女子	(여자)	7Ⅱ 7Ⅱ	↔	8 7Ⅱ
内部	(내부)	↔	外部	(외부)	7Ⅱ 6Ⅱ	↔	8 6Ⅱ
登山	(등산)	↔	下山	(하산)	7 8	↔	7Ⅱ 8
放火	(방화)	↔	消火	(소화)	6Ⅱ 8	↔	6Ⅱ 8
北上	(북상)	↔	南下	(남하)	8 7Ⅱ	↔	8 7Ⅱ
不運	(불운)	↔	幸運	(행운)	7Ⅱ 6Ⅱ	↔	6Ⅱ 6Ⅱ
上半	(상반)	↔	下半	(하반)	7Ⅱ 6Ⅱ	↔	7Ⅱ 6Ⅱ
上午	(상오)	↔	下午	(하오)	7Ⅱ 7Ⅱ	↔	7Ⅱ 7Ⅱ
先發	(선발)	↔	後發	(후발)	8 6Ⅱ	↔	7Ⅱ 6Ⅱ
小國	(소국)	↔	大國	(대국)	8 8	↔	8 8
手動	(수동)	↔	自動	(자동)	7Ⅱ 7Ⅱ	↔	7Ⅱ 7Ⅱ
市外	(시외)	↔	市内	(시내)	7Ⅱ 8	↔	7Ⅱ 7Ⅱ
食前	(식전)	↔	食後	(식후)	7Ⅱ 7Ⅱ	↔	7Ⅱ 7Ⅱ
年上	(연상)	↔	年下	(연하)	8 7Ⅱ	↔	8 7Ⅱ
右面	(우면)	↔	左面	(좌면)	7Ⅱ 7	↔	7Ⅱ 7
入口	(입구)	↔	出口	(출구)	7 7	↔	7 7
子正	(자정)	↔	正午	(정오)	7Ⅱ 7Ⅱ	↔	7Ⅱ 7Ⅱ
場内	(장내)	↔	場外	(장외)	7Ⅱ 7Ⅱ	↔	7Ⅱ 8
地下	(지하)	↔	地上	(지상)	7 7Ⅱ	↔	7 7Ⅱ
體内	(체내)	↔	體外	(체외)	6Ⅱ 7Ⅱ	↔	6Ⅱ 8
出所	(출소)	↔	入所	(입소)	7 7	↔	7 7

便利	(편리)	↔	不便	(불편)	7 6Ⅱ	↔	7Ⅱ 7
後代	(후대)	↔	先代	(선대)	7Ⅱ 6Ⅱ	↔	8 6Ⅱ
男學生	(남학생)	↔	女學生	(여학생)	7Ⅱ 8 8	↔	8 8 8
內國人	(내국인)	↔	外國人	(외국인)	7Ⅱ 8 8	↔	8 8 8
同意語	(동의어)	↔	反意語	(반의어)	7 6Ⅱ 7	↔	6Ⅱ 6Ⅱ 7
女學校	(여학교)	↔	男學校	(남학교)	8 8 8	↔	7Ⅱ 8 8
午前班	(오전반)	↔	午後班	(오후반)	7Ⅱ 7Ⅱ 6Ⅱ	↔	7Ⅱ 7Ⅱ 6Ⅱ
前半部	(전반부)	↔	後半部	(후반부)	7Ⅱ 6Ⅱ 6Ⅱ	↔	7Ⅱ 6Ⅱ 6Ⅱ
下半身	(하반신)	↔	上半身	(상반신)	7Ⅱ 6Ⅱ 6Ⅱ	↔	7Ⅱ 6Ⅱ 6Ⅱ
後半戰	(후반전)	↔	前半戰	(전반전)	7Ⅱ 6Ⅱ 6Ⅱ	↔	7Ⅱ 6Ⅱ 6Ⅱ

一日三省

일일삼성
하루에 세가지 일로
자신을 되돌아 보고 살핌

漢字

(사) 한국어문회 주관 / 한국한자능력검정회 시행

부록 II

최근 기출 & 실전문제

최근 기출 & 실전문제 정답

제102회 6급Ⅱ 기출문제 (2023. 08. 26 시행)

漢字能力檢定試驗

㈜한국어문회 주관 · 한국한자능력검정회 시행

▶ 다음 밑줄 친 漢字語의 讀音을 쓰세요. (1~32)

[예]	漢字 → 한자

(1) 지출을 기록하는 습관은 <u>家計</u>에 도움이 됩니다.

(2) 그 카페에는 회의를 할 수 있는 조용한 <u>空間</u>이 있습니다.

(3) 언론은 사실을 <u>公正</u>하게 보도해야 합니다.

(4) 눈으로 볼 수 있는 <u>光線</u>은 7가지 색깔입니다.

(5) 모든 <u>教育</u>은 가정에서 시작됩니다.

(6) 옆집에 여러 번 문을 두드렸으나 <u>對答</u>이 없었습니다.

(7) 어릴 때부터 제 취미는 <u>讀書</u>입니다.

(8) 쌍둥이는 <u>同一</u>한 습관을 가진 경우가 많습니다.

(9) 그 사람은 세계적으로 유명한 <u>童話</u> 작가입니다.

(10) <u>每年</u> 한국을 찾는 관광객이 증가하고 있습니다.

(11) 개화기 때 서양의 과학과 기술 <u>文物</u>이 들어오게 되었습니다.

(12) 정치인들은 <u>民心</u>을 얻기 위해 각고의 노력을 기울입니다.

(13) 아이가 엄마의 질문에 <u>反問</u>을 했습니다.

(14) 다음 주 월요일에 <u>放學</u>이 시작됩니다.

(15) 좋은 여행지를 <u>百方</u>으로 알아보았습니다.

(16) 사회는 여러 <u>部分</u>으로 조직화되어 있습니다.

(17) 이 건물은 <u>五角</u> 모양의 창문이 이색적입니다.

(18) 배터리 기술이 전기차 상용화의 <u>成功</u>을 결정짓는다고 합니다.

(19) 여러분의 작은 기부가 따뜻한 <u>世上</u>을 만듭니다.

(20) 박수 소리와 함께 공연이 <u>始作</u>되었습니다.

(21) 우리 동네에는 아주 유명한 <u>市場</u>이 있습니다.

(22) 우리 동생은 어릴 때부터 <u>音樂</u>에 재능이 있다고 들었습니다.

(23) 지하철 역 자전거는 누구나 <u>利用</u>할 수 있습니다.

(24) <u>自然</u>을 보존하기 위해 노력해야 합니다.

(25) 갑작스러운 기온 변화로 <u>電氣</u> 사용이 급증했습니다.

(26) 문제를 해결하기 위해 <u>全力</u>을 다하고 있습니다.

(27) 여행을 할 때 <u>地圖</u>가 꼭 필요합니다.

(28) 명상은 정신을 <u>集中</u>할 때 도움이 됩니다.

(29) 유명 아이돌의 <u>出現</u>으로 주변이 시끄러워졌습니다.

(30) 우리는 <u>平和</u>를 지키기 위해 노력해야 합니다.

(31) 다리를 다쳐서 당분간 <u>活動</u>을 할 수 없습니다.

(32) 대학을 졸업하자마자 <u>會社</u>에 들어갔습니다.

漢字의 訓(훈: 뜻)과 音을 쓰세요. (33~61)

[예]	字 → 글자 자	

(33) 不	(34) 雪	(35) 白
(36) 才	(37) 弱	(38) 直
(39) 身	(40) 高	(41) 第
(42) 足	(43) 土	(44) 語
(45) 有	(46) 發	(47) 里
(48) 夕	(49) 午	(50) 十
(51) 食	(52) 安	(53) 庭
(54) 天	(55) 意	(56) 村
(57) 新	(58) 祖	(59) 時
(60) 子	(61) 紙	

➡ 다음 중 뜻이 서로 반대(또는 상대)되는 漢字끼리 <u>연결되지 않은 것</u>을 찾아 그 번호를 쓰세요. (62~63)

(62)　① 大 ↔ 小　② 內 ↔ 外

　　　　③ 靑 ↔ 草　④ 昨 ↔ 今

(63)　① 男 ↔ 女　② 勇 ↔ 信

　　　　③ 前 ↔ 後　④ 長 ↔ 短

➡ 다음 문장에 어울리는 漢字語가 되도록 (　) 안에 알맞은 漢字를 〈보기〉에서 찾아 그 번호를 쓰세요. (64~65)

| [예] | ① 歌 | ② 戰 | ③ 消 | ④ 命 |

(64)　생태 보존은 전 인류의 <u>運(　)</u>과 관련한 문제입니다.

(65)　<u>(　)手</u>를 배출하는 경연 프로그램이 인기가 많습니다.

➡ 다음 뜻에 맞는 漢字語를 〈보기〉에서 찾아 그 번호를 쓰세요. (66~77)

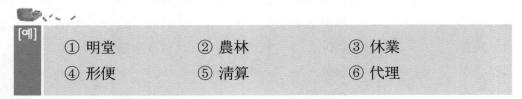

| [예] | ① 明堂 | ② 農林 | ③ 休業 |
| | ④ 形便 | ⑤ 淸算 | ⑥ 代理 |

(66)　남을 대신하여 일을 처리함.

(67)　일이 되어가는 모양이나 경로.

다음 밑줄 친 漢字語를 漢字로 쓰세요. (68~77)

(68) 수업이 끝나자 학생들이 교문을 향해 뛰었습니다.

(69) 미국의 남북 전쟁은 1881년에 발발하였습니다.

(70) 우리 형제는 사이가 아주 좋습니다.

(71) 삼촌은 결혼하기 전에 우리 집에서 살았습니다.

(72) 다음 주는 제 스무 번째 생일입니다.

(73) 고궁 박물관에는 조선 왕실의 유물들을 전시하고 있습니다.

(74) 언니는 이월에 대학교를 졸업합니다.

(75) 우리 형은 장래 희망이 군인입니다.

(76) 저는 대학에 입학한 후부터 부모님과 따로 살고 있습니다.

(77) 서산에 해가 지고 있는 모습이 정말 아름답습니다.

다음 漢字의 짙게 표시한 획은 몇 번째 쓰는 획인지 〈보기〉에서 찾아 그 번호를 쓰세요. (78~80)

[예]

① 첫 번째	② 두 번째	③ 세 번째	④ 네 번째
⑤ 다섯 번째	⑥ 여섯 번째	⑦ 일곱 번째	⑧ 여덟 번째
⑨ 아홉 번째	⑩ 열 번째	⑪ 열한 번째	⑫ 열두 번째

(78) 

(79) 

(80) 

부록 Ⅱ

㈳한국어문회 주관 · 한국한자능력검정회 시행

➡ 다음 밑줄 친 漢字語의 讀音을 쓰세요. (1~32)

| [예] | 漢字 → 한자 |

(1) 우리 팀은 두 명의 수비수가 공격수를 저지하는 <u>戰術</u>을 쓸 것입니다.

(2) 농사를 잘 지으려면 자기 지역의 <u>風土</u>에 알맞은 종자를 선택해야 합니다.

(3) 도마 위에서 칼질을 할 때에는 세심한 <u>注意</u>가 필요합니다.

(4) 그는 설악산의 <u>地理</u>를 자기 손바닥처럼 환히 알고 있습니다.

(5) 이 책은 아이들의 인성 <u>教育</u>에 유익합니다.

(6) 저는 우리 팀이 무리 없이 우승할 것이라고 <u>自信</u>합니다.

(7) 우리나라 <u>南海</u>에는 난류성 어종이 풍부합니다.

(8) 노모를 모시고 사는 그는 천하에 둘도 없는 <u>孝子</u>입니다.

(9) <u>食堂</u>에는 손님들이 많아 빈자리가 없었습니다.

(10) 그들이 준비한 음식은 7명이 먹기에 약간 <u>不足</u>했습니다.

(11) 오빠는 케이크를 먹기 좋게 세 <u>等分</u>하였습니다.

(12) 병원에서는 전산 시스템을 <u>活用</u>하여 환자들의 기록을 보관합니다.

(13) 그 가게를 찾아가는 데 <u>時間</u>이 많이 걸렸습니다.

(14) 그 사람은 평소 부모님의 <u>心氣</u>를 잘 헤아립니다.

(15) 경찰의 가장 큰 임무는 <u>公共</u>의 안녕과 질서 유지입니다.

(16) 우리 고장은 토지가 비옥하고 <u>水利</u> 시설이 발달하였습니다.

(17) 이 항구는 일찍부터 <u>對外</u> 무역이 활발하였던 곳입니다.

(18) 지하철과 달리 <u>電車</u>는 지상 위로 운행합니다.

(19) 대형마트는 매월 첫째 주 일요일에 모두 <u>休業</u>합니다.

(20) 잠들기 <u>直前</u>에는 음식을 안 먹는 것이 좋습니다.

(21) 나는 은행 <u>窓口</u> 앞에서 내 차례가 되기를 기다렸습니다.

(22) 소풍을 간 날은 선선한 바람이 부는 <u>清明</u>한 가을날이었습니다.

(23) 나는 플루트의 고운 <u>音色</u>을 좋아합니다.

(24) 내일 낮에는 <u>中部</u> 지방에 소나기가 예상됩니다.

(25) 이 노래는 특히 젊은 <u>世代</u>에게 폭발적인 인기를 얻고 있습니다.

(26) 그 가수는 3년 동안의 <u>空白</u>을 깨고 다시 무대에 섰습니다.

(27) 할아버지의 <u>春秋</u>는 올해 여든이십니다.

(28) 이 장롱은 전복의 <u>天然</u> 색채를 이용한 자개 공예를 사용했습니다.

(29) 이 춤은 <u>動作</u>을 크게 해야 활기차 보입니다.

(30) 영희는 어버이날이면 꼭 부모님께 <u>便紙</u>를 씁니다.

(31) 우리 집은 <u>祖上</u> 대대로 이 동네에서 살아왔습니다.

(32) 우리는 그 의원을 찾기 위해 <u>八方</u>으로 수소문을 했습니다.

⊙ 漢字의 訓(훈: 뜻)과 音을 쓰세요. (33~61)

[예]	字 → 글자 자	

(33) 飲	(34) 急	(35) 幸
(36) 成	(37) 和	(38) 弱
(39) 各	(40) 放	(41) 始
(42) 表	(43) 藥	(44) 功
(45) 角	(46) 果	(47) 新
(48) 現	(49) 消	(50) 聞
(51) 計	(52) 童	(53) 科
(54) 形	(55) 圖	(56) 雪
(57) 光	(58) 樂	(59) 神
(60) 線	(61) 班	

➡ 다음 중 뜻이 서로 반대(또는 상대)되는 漢字끼리 연결되지 <u>않은</u> 것을 찾아 그 번호를 쓰세요. (62~63)

(62) ① 夏 ↔ 冬 ② 短 ↔ 長

　　　③ 安 ↔ 平 ④ 昨 ↔ 今

(63) ① 正 ↔ 反 ② 家 ↔ 室

　　　③ 入 ↔ 出 ④ 高 ↔ 下

➡ 다음 문장에 어울리는 漢字語가 되도록 (　) 안에 알맞은 漢字를 〈보기〉에서 찾아 그 번호를 쓰세요. (64~65)

[예]			
① 會	② 界	③ 身	④ 半

(64) 철수는 (　)體를 단련하기 위해 꾸준히 운동을 합니다.

(65) 오늘 광화문 광장에서 환경 보호를 촉구하는 集(　)가 열렸습니다.

➡ 다음 뜻에 맞는 漢字語를 〈보기〉에서 찾아 그 번호를 쓰세요. (66~77)

[예]		
① 庭球	② 內道	③ 才勇
④ 書記	⑤ 運命	⑥ 發火

(66) 불이 일어나거나 타기 시작함.

(67) 재주와 용기.

○ 다음 밑줄 친 漢字語를 漢字로 쓰세요. (68~77)

(68) 부모의 마음은 어느 자식에게나 다 같은 법입니다.

(69) 오늘은 선생님께서 단소 부는 법을 가르쳐주셨습니다.

(70) 소방관들은 항상 장비를 점검하며 만일의 사태를 대비합니다.

(71) 앞집 삼 형제는 모두 덩치가 우람합니다.

(72) 우리 학교의 한자 특강은 모든 학년을 대상으로 합니다.

(73) 우리나라의 동북쪽은 높은 산지로 이루어져 있습니다.

(74) 우리 삼촌은 딸기 농사를 짓는 농부입니다.

(75) 놀이터는 우리집 대문 앞에서 불과 10미터 밖에 되지 않습니다.

(76) 아이들 오륙 명이 운동장에 남아서 놀고 있습니다.

(77) 군악대를 앞세운 군인들이 씩씩하게 행진을 합니다.

○ 다음 漢字의 짙게 표시한 획은 몇 번째 쓰는 획인지 〈보기〉에서 찾아 그 번호를 쓰세요. (78~80)

[예]			
① 첫 번째	② 두 번째	③ 세 번째	④ 네 번째
⑤ 다섯 번째	⑥ 여섯 번째	⑦ 일곱 번째	⑧ 여덟 번째
⑨ 아홉 번째	⑩ 열 번째	⑪ 열한 번째	⑫ 열두 번째

(78) 登   (79) 來   (80) 物

제104회 6급Ⅱ 기출문제 (2024. 02. 24 시행)

㈜한국어문회 주관 · 한국한자능력검정회 시행

➡ 다음 밑줄 친 漢字語의 讀音을 쓰세요. (1~32)

[예]	漢字 → 한자

(1) 제가 좋아하는 歌手가 드라마에 출연했습니다.

(2) 제품을 사용하기 전에 注意 사항을 먼저 확인해야 합니다.

(3) 화재를 대비해 安全 교육을 실시하고 있습니다.

(4) 유명 작가의 작품이 發表되자마자 베스트셀러가 되었습니다.

(5) 우리에게 온 幸運의 기회를 놓치지 말아야 합니다.

(6) 요즘은 便紙를 보내는 사람이 거의 없습니다.

(7) 그 화가는 直線의 아름다움을 표현하는 능력이 탁월합니다.

(8) 共同의 관심사가 있는 사람과는 빨리 친해질 수 있습니다.

(9) 이상 기후로 멸종하는 動物들이 늘고 있습니다.

(10) 교육 과정이 昨年부터 개편되었습니다.

(11) 김 박사는 최근 국제적인 學術 활동을 펼치고 있습니다.

(12) 여러 단체에서 農林자원을 보호하기 위해 노력하고 있습니다.

(13) 世界에서 가장 아름다운 경치를 보기 위해 사람들이 몰려들었습니다.

(14) 작은 집일수록 空間을 효율적으로 활용해야 합니다.

(15) 登山을 취미로 즐기는 젊은 사람들이 많이 늘었다고 합니다.

(16) 지역마다 유명한 市場이 있습니다.

(17) 도시보다는 自然과 함께 살고 싶습니다.

(18) 통화 중에 휴대 전화가 放電되었습니다.

(19) 설계 圖面에 맞게 건물을 지어야 합니다.

(20) 오늘 제가 했던 행동을 <u>反省</u>하고 있습니다.

(21) 산업화 이후 <u>分業</u>이 일반화되었습니다.

(22) 옛날에는 <u>靑春</u> 영화가 인기가 많았습니다.

(23) 제 동생은 <u>計算</u>을 아주 잘합니다.

(24) 저는 <u>作文</u> 실력을 기르기 위해 매일 일기를 씁니다.

(25) 누구에게나 어린 시절의 <u>所重</u>한 추억이 있습니다.

(26) 제가 좋아하는 <u>童話</u>가 영어로 번역이 되었습니다.

(27) <u>正午</u>가 되면 사람들은 식당으로 향합니다.

(28) <u>外科</u> 의사가 부족하다는 기사를 읽었습니다.

(29) 자신의 <u>體力</u>에 맞는 운동을 하는 것이 건강에 좋습니다.

(30) 외교에서는 국가 간의 <u>對等</u>한 관계 유지가 중요합니다.

(31) 잠들기 직전에는 <u>飮食</u>을 먹지 않는 것이 좋습니다.

(32) <u>敎室</u> 안에 웃음이 넘쳐나고 있습니다.

🔵 漢字의 訓(훈: 뜻)과 音을 쓰세요. (33~61)

[예]	字 → 글자 자	

(33) 果	(34) 家	(35) 神
(36) 始	(37) 急	(38) 球
(39) 內	(40) 光	(41) 名
(42) 來	(43) 新	(44) 王
(45) 成	(46) 子	(47) 記
(48) 立	(49) 窓	(50) 下
(51) 明	(52) 白	(53) 形
(54) 堂	(55) 花	(56) 活
(57) 利	(58) 每	(59) 千
(60) 冬	(61) 今	

▶ 다음 중 뜻이 서로 반대(또는 상대)되는 漢字끼리 <u>연결되지 않은 것</u>을 찾아 그 번호를 쓰세요. (62~63)

(62) ① 男 ↔ 女 ② 和 ↔ 戰
　　　③ 住 ↔ 里 ④ 心 ↔ 身

(63) ① 左 ↔ 右 ② 老 ↔ 少
　　　③ 前 ↔ 後 ④ 土 ↔ 地

▶ 다음 문장에 어울리는 漢字語가 되도록 ( ) 안에 알맞은 漢字를 〈보기〉에서 찾아 그 번호를 쓰세요. (64~65)

| [예] | ① 足 | ② 集 | ③ 祖 | ④ 才 |

(64) 전 세계의 시선을 ( )中시킬 만한 기술이 개발되었습니다.

(65) 가정 교육이 <u>不</u>( )하다는 지적이 있습니다.

▶ 다음 뜻에 맞는 漢字語를 〈보기〉에서 찾아 그 번호를 쓰세요. (66~67)

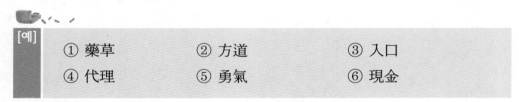

| [예] | ① 藥草 | ② 方道 | ③ 入口 |
| | ④ 代理 | ⑤ 勇氣 | ⑥ 現金 |

(66) 씩씩하고 굳센 기운.

(67) 일에 대한 방법과 도리.

◆ 다음 밑줄 친 漢字語를 漢字로 쓰세요. (68~77)

(68) 바다를 지키는 군인을 <u>해군</u>이라고 합니다.

(69) 어릴 때부터 <u>선생</u>이 되는 것이 꿈이었습니다.

(70) 이 다리는 <u>남북</u>으로 길게 연결되어 있습니다.

(71) 우리 학교에 <u>교장</u> 선생님께서 새로 오셨습니다.

(72) 제 친구는 <u>육일</u> 만에 6급 한자를 다 외웠습니다.

(73) 할머니께서는 <u>대문</u>을 활짝 열어 놓고 우리들을 기다리십니다.

(74) <u>오월</u>에는 기념일이 아주 많아서 바쁩니다.

(75) 우리 <u>형제</u>는 얼굴 생김새뿐만 아니라 좋아하는 것도 비슷합니다.

(76) 저는 어릴 때부터 우리 <u>삼촌</u>과 아주 친했습니다.

(77) 모든 자식들은 <u>부모</u>의 희생과 사랑으로 자랍니다.

◆ 다음 漢字의 짙게 표시한 획은 몇 번째 쓰는 획인지 〈보기〉에서 찾아 그 번호를 쓰세요. (78~80)

[예]

① 첫 번째　　② 두 번째　　③ 세 번째　　④ 네 번째
⑤ 다섯 번째　⑥ 여섯 번째　⑦ 일곱 번째　⑧ 여덟 번째
⑨ 아홉 번째　⑩ 열 번째

(78) 孝　　(79) 風　　(80) 海

○ 다음 밑줄 친 漢字語의 讀音을 쓰세요. (1~32)

[예]	漢字 → 한자

(1) 이 제품은 우리 회사의 <u>命運</u>을 건 중요한 상품입니다.

(2) 잦은 비 때문에 흉년이 들까봐 농민들이 <u>不安</u>해 합니다.

(3) 달의 <u>表面</u>은 분화구처럼 옴쏙옴쏙 들어간 곳이 많습니다.

(4) 임금은 공주의 병을 낫게할 약을 구하려고 <u>百方</u>으로 수소문했습니다.

(5) 그곳은 워낙 외져서 드나드는 <u>車便</u>도 드물었습니다.

(6) 널뛰기는 <u>反動</u>을 이용하여 높이 오르기를 겨루는 민속놀이입니다.

(7) 슬픔을 함께 나누는 것이 친구의 <u>道理</u>라고 생각합니다.

(8) 나무숲이 우거진 이 지역은 <u>林業</u>이 주산업을 이루고 있습니다.

(9) 벚꽃이 바람에 휘날리는 도로가 마치 <u>童話</u> 속 그림 같습니다.

(10) 어느 시대이든 외국 <u>文物</u>이 들어오게 되면 외래어는 생기게 마련입니다.

(11) 안성의 유기가 질이 좋다는 <u>所聞</u>이 전국에 나돌았습니다.

(12) 양지바른 산발치엔 <u>草家</u>들이 올망졸망하게 늘어서 있습니다.

(13) 판사는 법률에 따라 <u>公正</u>한 재판을 하려고 노력합니다.

(14) 서로 믿고 돕는 건전한 사회 <u>氣風</u>이 조성되기를 바랍니다.

(15) 돼지는 다른 가축에 비해 새끼를 많이 낳고 <u>發育</u>이 빠릅니다.

(16) 사치하지 않고 <u>分數</u>에 맞는 생활을 해야 합니다.

(17) 창을 <u>二重</u> 창문으로 바꾸었더니 확실히 방음이 잘됩니다.

(18) 우승 기념으로 우리 팀은 오늘 저녁에 <u>會食</u>을 하기로 했습니다.

(19) 이곳은 난시청 지역이어서 텔레비전 방송을 <u>有線</u>으로 봅니다.

(20) 부산은 옛날에 동래라는 地名으로 불렸습니다.

(21) 밭갈이하는 農夫들의 노랫소리가 흥겹습니다.

(22) 소나기와 함께 천둥 번개가 치기 始作했습니다.

(23) 이번 경기는 반드시 이길 것이라고 自信합니다.

(24) 동생이 자전거를 사달라고 成火를 부립니다.

(25) 이곳 藥水는 사이다처럼 톡 쏘는 맛이 납니다.

(26) 공기가 注入되자 축구공이 다시 빵빵해졌습니다.

(27) 대변인은 기자들의 질문에 막힘없이 척척 對答해 주었습니다.

(28) 나는 철수가 제안한 의견에 전적으로 同意합니다.

(29) 그들은 쌍둥이 형제지만 성격은 全然 딴판입니다.

(30) 書堂개 삼 년이면 풍월을 읊는다는 속담도 있습니다.

(31) 이 자동차는 出市되자마자 선풍적인 인기를 누리고 있습니다.

(32) 그녀는 나를 애태울 心算으로 일부러 새침하게 구는 것 같습니다.

◐ 漢字의 訓(훈: 뜻)과 音을 쓰세요. (33~61)

[예]	字 → 글자 자	

(33) 光	(34) 計	(35) 半
(36) 共	(37) 果	(38) 省
(39) 飮	(40) 高	(41) 神
(42) 代	(43) 圖	(44) 形
(45) 弱	(46) 利	(47) 今
(48) 明	(49) 消	(50) 勇
(51) 昨	(52) 雪	(53) 庭
(54) 球	(55) 術	(56) 等
(57) 淸	(58) 樂	(59) 現
(60) 題	(61) 功	

➡ 다음 중 뜻이 서로 반대(또는 상대)되는 漢字끼리 <u>연결되지 않은 것</u>을 찾아 그 번호를 쓰세요. (62~63)

(62)　① 上 ↔ 下　② 世 ↔ 界

　　　③ 山 ↔ 海　④ 子 ↔ 女

(63)　① 手 ↔ 足　② 身 ↔ 體

　　　③ 和 ↔ 戰　④ 老 ↔ 少

➡ 다음 문장에 어울리는 漢字語가 되도록 ( ) 안에 알맞은 漢字를 〈보기〉에서 찾아 그 번호를 쓰세요. (64~65)

[예]　① 生　② 急　③ 部　④ 短

(64)　장식품의 문양은 인간의 ( )活과 밀접한 관계를 지닙니다.

(65)　사람은 각기 나름대로의 長( )이 있기 마련입니다.

➡ 다음 뜻에 맞는 漢字語를 〈보기〉에서 찾아 그 번호를 쓰세요. (66~67)

[예]　① 紙窓　② 新邑　③ 集中

　　　④ 直放　⑤ 外科　⑥ 一角

(66)　종이로 바른 창문.

(67)　한 곳을 중심으로 하여 모임.

◐ 다음 밑줄 친 漢字語를 漢字로 쓰세요. (68~77)

(68) 영호는 <u>부모</u>님과 함께 놀이 공원에 갔습니다.

(69) 아이는 <u>학교</u>에 늦을까 봐 부리나케 뛰어갔습니다.

(70) 태백산맥은 우리나라의 <u>남북</u>으로 길게 뻗쳐 있습니다.

(71) 아이들이 떠드는 소리에 <u>교실</u> 안이 짜랑짜랑합니다.

(72) 우리나라는 <u>국토</u>의 삼면이 바다에 둘러싸여 있습니다.

(73) 봄이 되자 할아버지께서는 <u>대문</u>에 '입춘대길' 이라고 써붙이셨습니다.

(74) <u>사월</u> 하순이면 철쭉과 살구꽃이 만개할 때입니다.

(75) 그들 두 사람은 <u>삼촌</u>과 조카 사이인 것 같았습니다.

(76) 옆집 <u>청년</u>은 우리 마을의 유일한 총각입니다.

(77) 그녀는 <u>군인</u>이신 아버지를 늘 자랑스럽게 여겼다.

◐ 다음 漢字의 짙게 표시한 획은 몇 번째 쓰는 획인지 〈보기〉에서 찾아 그 번호를 쓰세요. (78~80)

[예]
① 첫 번째   ② 두 번째   ③ 세 번째   ④ 네 번째
⑤ 다섯 번째   ⑥ 여섯 번째   ⑦ 일곱 번째   ⑧ 여덟 번째
⑨ 아홉 번째   ⑩ 열 번째   ⑪ 열한 번째   ⑫ 열두 번째

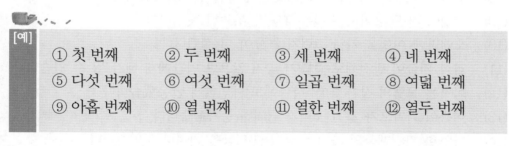

(78) 登   (79) 冬   (80) 事

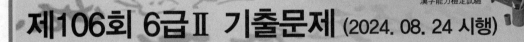
㈜한국어문회 주관 · 한국한자능력검정회 시행

● 다음 밑줄 친 漢字語의 讀音을 쓰세요. (1~32)

[예]　　　　　　　漢字 → 한자

(1)　인간의 內面을 들여다보는 심리학이 주목받고 있습니다.

(2)　문학 작품 감상에 正答은 없다고 생각합니다.

(3)　저는 3대째 家業을 이어가고 있습니다.

(4)　시인의 생가 앞에는 四角의 기념비가 세워져 있었습니다.

(5)　가구를 잘 배치하니 空間이 훨씬 널찍해 보입니다.

(6)　축제 때문에 車道까지 사람이 가득 찼습니다.

(7)　어린이들은 항상 미지의 世界를 동경하고 꿈꿉니다.

(8)　올림픽위원회에서 최종 메달 集計 현황을 발표하였습니다.

(9)　성적이 자꾸 떨어지는 것은 工夫가 부족한 탓입니다.

(10)　오랜만에 여행을 가서 그런지 氣分이 더 설렙니다.

(11)　과학 기술이 발전해도 意圖가 좋지 않으면 인간에게 해가 될 수 있습니다.

(12)　화가는 모델의 작은 動作 하나에도 예민하게 반응했습니다.

(13)　여름이 다가오자 電力 소비가 급격히 증가했습니다.

(14)　다양한 가전제품의 출시는 삶의 便利함을 가져다 주었습니다.

(15)　김 작가의 독창적 文體에 모두 주목하고 있습니다.

(16)　집합과 命題는 수학의 기초라고 할 수 있습니다.

(17)　제 취미는 실내 植物을 기르는 것입니다.

(18)　바둑을 두는 동안은 한순간도 放心하면 안 됩니다.

(19)　궁지에 몰린 적군은 白旗를 들고 항복했습니다.

(20)　잠을 푹 자서 얼굴에 和色이 돌고 체력도 회복되었습니다.

(21) 태양 光線을 오래 쬐면 피부의 노화가 촉진됩니다.

(22) 우리 마을 洞長이 집집마다 돌며 인구 조사를 했습니다.

(23) 선생님께서 反省이 없는 삶은 발전이 없다고 하셨습니다.

(24) 모든 동물은 본능적으로 자기 急所를 방어합니다.

(25) 그의 話術은 적절한 비유와 예시, 풍부한 어휘의 구사로 정평이 나
있습니다.

(26) 제가 이 학교를 다니게 된 것은 정말 幸運이라고 생각합니다.

(27) 모든 국민은 법 앞에 平等합니다.

(28) 전통적인 市場의 모습은 시골 오일장에서 찾을 수 있습니다.

(29) 기상청의 發表에 따르면 올여름 장마는 유월 하순에 시작된다고 합니다.

(30) 경찰은 公共의 안녕질서를 유지하기 위하여 존재하는 조직입니다.

(31) 세계적으로 유명한 기업들은 나름의 成功 비결을 가지고 있습니다.

(32) 점성술을 널리 사용했던 중세를 科學의 암흑시대라고 불립니다.

⬥ 漢字의 訓(훈: 뜻)과 음을 쓰세요. (33~61)

[예]	字 → 글자 자

(33)	地		(34)	歌		(35)	江	
(36)	高		(37)	今		(38)	農	
(39)	短		(40)	登		(41)	老	
(42)	理		(43)	萬		(44)	民	
(45)	班		(46)	百		(47)	事	
(48)	夕		(49)	雪		(50)	數	
(51)	時		(52)	身		(53)	然	
(54)	午		(55)	育		(56)	昨	
(57)	才		(58)	主		(59)	紙	
(60)	村		(61)	直				

➡ 다음 중 뜻이 서로 반대(또는 상대)되는 漢字끼리 연결되지 않은 것을 찾아 그 번호를 쓰세요. (62~63)

(62) ① 南 ↔ 北 ② 大 ↔ 小
　　　③ 新 ↔ 聞 ④ 夏 ↔ 冬

(63) ① 上 ↔ 下 ② 出 ↔ 生
　　　③ 前 ↔ 後 ④ 左 ↔ 右

➡ 다음 문장에 어울리는 漢字語가 되도록 (　) 안에 알맞은 漢字를 〈보기〉에서 찾아 그 번호를 쓰세요. (64~65)

[예]	① 明	② 祖	③ 戰	④ 書

(64) 요즘 淸(　)한 가을 날씨를 만끽하고 있습니다.

(65) 회의에서 (　)記를 맡은 사람의 역할이 중요합니다.

➡ 다음 뜻에 맞는 漢字語를 〈보기〉에서 찾아 그 번호를 쓰세요. (66~67)

[예]	① 同窓	② 信用	③ 會社
	④ 消音	⑤ 問安	⑥ 藥草

(66) 믿고 씀.

(67) 웃어른에게 안부를 여쭘.

● 다음 밑줄 친 漢字語를 漢字로 쓰세요. (68~77)

(68) 구월 모의고사를 앞두고 모두 긴장하고 있습니다.

(69) 이 도로는 우리나라의 동서를 연결하는 주요 간선로입니다.

(70) 오랫동안 꿈꿔 온 모교의 교사가 되었습니다.

(71) 어릴 때부터 삼촌하고 같이 살아서 삼촌과 아주 친합니다.

(72) 사회 변화에 따라 여군을 지원하는 사람이 늘고 있습니다.

(73) 왕의 나이가 어리면 왕실의 어른이 후견인을 하기도 합니다.

(74) 저는 형제가 없어 어린 시절부터 외로움을 많이 탔습니다.

(75) 정부는 일자리를 찾는 청년들을 지원하기 위해 애쓰고 있습니다.

(76) 화산의 분출구는 오랜 시간이 흐른 후에 호수가 되기도 합니다.

(77) 어제 본 집이 마음에 들어서 선금을 주고 계약했습니다.

● 다음 漢字의 짙게 표시한 획은 몇 번째 쓰는 획인지 〈보기〉에서 찾아 그 번호를 쓰세요. (78~80)

[예]	① 첫 번째	② 두 번째	③ 세 번째	④ 네 번째
	⑤ 다섯 번째	⑥ 여섯 번째	⑦ 일곱 번째	⑧ 여덟 번째
	⑨ 아홉 번째	⑩ 열 번째	⑪ 열한 번째	⑫ 열두 번째
	⑬ 열세 번째	⑭ 열네 번째		

(78) 海   (79) 現   (80) 算

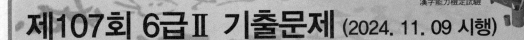

漢字能力檢定試驗

㈳한국어문회 주관 · 한국한자능력검정회 시행

● 다음 밑줄 친 漢字語의 讀音을 쓰세요. (1~32)

[예]   漢字 → 한자

(1)   경찰이 하천에 오수를 <u>放出</u>한 업체를 단속했습니다.

(2)   이 건물의 <u>後面</u>으로 돌아가면 주차장의 입구가 보입니다.

(3)   밭에서 마흔 쯤은 되어 보이는 <u>村夫</u>가 밭을 갈고 있었습니다.

(4)   사원들은 회사의 <u>命運</u>이 걸린 신제품 개발에 몰두하였습니다.

(5)   나를 본 은수는 놀란 표정을 숨기며 <u>天然</u>덕스럽게 웃었습니다.

(6)   이 나무는 햇볕을 충분히 받지 못해 <u>發育</u>이 더딥니다.

(7)   어머니는 동생이 입을 <u>物色</u> 고운 색동옷을 골랐습니다.

(8)   어제 일어난 대형 사고에 관한 기사가 <u>新聞</u>에 보도되었습니다.

(9)   이 건물은 <u>內部</u>에 많은 편의 시설들을 갖추고 있습니다.

(10)   그 기업은 반도체 수출에서 큰 <u>成果</u>를 거두었습니다.

(11)   바닷속 <u>海草</u> 숲은 물고기들의 산란장이 되기도 합니다.

(12)   어머니는 이번 달 카드 <u>代金</u>이 많이 나왔다고 걱정하십니다.

(13)   흥부전은 권선징악을 <u>主題</u>로 한 대표적인 이야기입니다.

(14)   <u>農藥</u> 사용을 줄이기 위해 친환경 농법을 합니다.

(15)   할아버지는 어렸을 때 <u>書堂</u>에서 한문을 배우셨다고 합니다.

(16)   <u>老弱</u>자들은 환절기에 감기를 조심하여야 합니다.

(17)   철수는 영희와 친해 볼 <u>意圖</u>로 옆자리에 앉았습니다.

(18)   어두웠던 방 안의 <u>電球</u>를 갈자 방이 환해졌다.

(19)   이 콘크리트 건축물의 <u>外形</u>은 한옥과 모양이 비슷합니다.

(20)   영수에 관한 소식은 <u>人便</u>을 통해 간간이 듣고 있습니다.

(21) 우리는 백화점에서 <u>各自</u>에게 어울리는 옷을 골랐습니다.

(22) 시동을 걸자 낡은 <u>車體</u>가 심하게 덜덜거렸습니다.

(23) 그녀는 현재 의류 <u>業界</u>에서 모델로 일하고 있습니다.

(24) 공원에 마련된 수도 시설은 누구나 <u>利用</u>할 수 있습니다.

(25) 종군 기자였던 삼촌은 꽃다운 <u>靑春</u>을 전쟁터에서 보냈습니다.

(26) 몸이 뚱뚱한 삼촌은 다른 사람들보다 <u>動作</u>이 굼뜬 편입니다.

(27) 그 환자는 <u>手術</u> 후 빠른 속도로 회복되었습니다.

(28) 영희가 쓴 동시가 이번 달 학급 <u>文集</u>에 실렸습니다.

(29) 이번 달 잡지의 <u>表紙</u>에 그 가수의 사진이 실렸습니다.

(30) 전쟁을 일으킨 자들은 <u>千秋</u>에 오명을 남길 것입니다.

(31) 그는 아이들이 손쉽게 먹을 수 있는 간단한 <u>飮食</u>을 만들었습니다.

(32) 낡은 가치관은 과감하게 <u>淸算</u>할 필요가 있습니다.

○ 漢字의 訓(훈: 뜻)과 음을 쓰세요. (33~61)

[예]	字 → 글자 자

(33) 勇	(34) 對	(35) 樂
(36) 信	(37) 現	(38) 社
(39) 童	(40) 會	(41) 光
(42) 注	(43) 始	(44) 計
(45) 功	(46) 庭	(47) 才
(48) 分	(49) 科	(50) 雪
(51) 省	(52) 班	(53) 線
(54) 公	(55) 共	(56) 理
(57) 幸	(58) 等	(59) 神
(60) 急	(61) 第	

● 다음 중 뜻이 서로 반대(또는 상대)되는 漢字끼리 연결되지 않은 것을 찾아 그 번호를 쓰세요. (62~63)

(62) ① 高 ↔ 下 ② 短 ↔ 長

　　　③ 家 ↔ 室 ④ 心 ↔ 身

(63) ① 昨 ↔ 今 ② 和 ↔ 戰

　　　③ 正 ↔ 反 ④ 土 ↔ 地

● 다음 문장에 어울리는 漢字語가 되도록 (　) 안에 알맞은 漢字를 〈보기〉에서 찾아 그 번호를 쓰세요. (64~65)

[예]	① 全	② 消	③ 窓	④ 明

(64) 철수가 범인이라는 (　)白한 증거가 나왔습니다.

(65) 빗길이나 눈길을 운전할 때는 安(　)하게 속도를 줄입니다.

● 다음 뜻에 맞는 漢字語를 〈보기〉에서 찾아 그 번호를 쓰세요. (66~67)

[예]	① 洞口	② 休場	③ 每事
	④ 角木	⑤ 風力	⑥ 入住

(66) 바람의 힘.

(67) 모서리를 모나게 깎은 나무.

➡ 다음 밑줄 친 漢字語를 漢字로 쓰세요. (68~77)

(68) 내일은 비 올 확률이 <u>구십</u> 퍼센트 이상이라고 합니다.

(69) 영토는 한 국가의 <u>국민</u>들이 살아가는 삶의 터전입니다.

(70) 따뜻한 봄바람이 <u>남동</u>쪽에서 불어왔습니다.

(71) 김 중령은 최초의 <u>여군</u> 헬기 조종사였습니다.

(72) 제주도의 전통 가옥에는 <u>대문</u> 대신 정낭을 놓았습니다.

(73) 소방관들은 항상 장비를 점검하며 <u>만일</u>의 사태를 대비합니다.

(74) 아버지의 형제분들이 많다 보니, 나에겐 <u>사촌</u>이 많습니다.

(75) 우리 <u>선생</u>님은 키가 크시고 안경을 끼셨습니다.

(76) 푸른 산에는 <u>오월</u> 뭉게구름이 일 듯 산벚꽃이 만발합니다.

(77) <u>화산</u>과 지진은 지표면을 모양을 바꿔놓기도 합니다.

➡ 다음 漢字의 짙게 표시한 획은 몇 번째 쓰는 획인지 〈보기〉에서 찾아 그 번호를 쓰세요. (78~80)

[예]

① 첫 번째　　② 두 번째　　③ 세 번째　　④ 네 번째

⑤ 다섯 번째　⑥ 여섯 번째　⑦ 일곱 번째　⑧ 여덟 번째

(78) 來　　(79) 邑　　(80) 所

제1회 6급Ⅱ 실전문제

(社)한국어문회 주관 · 한국한자능력검정회 시행

⟶ 다음 밑줄 친 漢字語의 讀音(독음;읽는 소리)을 쓰세요. (1~32)

[예]	漢字 → 한자

(1) 서울에서 世界대회가 열렸다.

(2) 장군은 화친 주장에 反旗를 들었다.

(3) 邑面은 작은 고을이다.

(4) 학교에서 春秋로 운동회가 열렸다.

(5) 그것은 分明히 산삼이었다.

(6) 內室에서 화초를 가꾸었다.

(7) 제 시간에 약속 場所에 도착하였다.

(8) 이 책은 수학 이론을 集成하였다.

(9) 마을에 처음 電話가 개통되었다.

(10) 地圖 보는 법을 배웠다.

(11) 산이 온통 雪色으로 덮였다.

(12) 형님에게 庭球를 배웠다.

(13) 여름 태양 光線이 매우 뜨겁다.

(14) 주말에 아버지와 登山하였다.

(15) 급히 마을 住民 회의가 열렸다.

(16) 그 절에는 童子 스님이 있다.

(17) 班長은 회의를 주재했다.

(18) 한글 表記는 맞춤법에 맞아야 한다.

(19) 예로부터 農業을 중시했다.

(20) 그들은 自然보호를 주창하였다.

(21) 5일이 되자 市場이 열렸다.

(22) 만민 平等을 부르짖었다.

(23) 작문 시간에 白紙에 글을 썼다.

(24) 오늘은 母校기념일이다.

(25) 일은 始作이 반이라는 말이 있다.

(26) 이는 만국 共用의 언어이다.

(27) 現今에 우리가 해야 할 일에 대해 토의하였다.

(28) 황희 정승은 清白리로 이름 높다.

(29) 모든 百姓이 성군을 바랐다.

(30) 차에 냉각수를 注入하였다.

(31) 外形은 볼만하나 안에는 아무것도 없었다.

(32) 군인들이 戰線으로 출동하였다.

◯ 다음 漢字의 訓(훈;뜻)과 音(음;소리)을 쓰세요. (33~61)

[예]	字 → 글자 자	

(33) 短	(34) 利	(35) 等
(36) 消	(37) 意	(38) 科
(39) 信	(40) 術	(41) 神
(42) 物	(43) 來	(44) 數
(45) 功	(46) 飮	(47) 有
(48) 運	(49) 和	(50) 重
(51) 體	(52) 界	(53) 代
(54) 夫	(55) 社	(56) 歌
(57) 童	(58) 庭	(59) 弱
(60) 活	(61) 間	

➡ 다음 밑줄 친 漢字語를 漢字로 쓰세요. (62~71)

[예]

한자 → 漢字

(62) 형님은 <u>대학생</u> 입니다.
(63) 그 <u>청년</u>은 자기 일에 열심이다.
(64) <u>남북</u>으로 큰 도로가 생겼다.
(65) 그 집안의 <u>형제</u>는 모두 의사가 되었다.
(66) <u>부모</u>의 은혜에 감사한다.
(67) 그녀는 졸업하고 <u>여군</u>이 되었다.
(68) 셋집에 들기 전에 <u>선금</u>을 내야 한다.
(69) 나와 그는 <u>팔촌</u> 사이이다.
(70) 샘에서 나오는 맑은 물을 <u>생수</u>라고 한다.
(71) 그는 <u>만인</u>의 존경을 받았다.

➡ 뜻이 서로 反對(반대)되는 漢字를 〈예〉에서 골라 번호를 답안지에 쓰세요. (72~73)

[예]

| ① 勇 | ② 冬 | ③ 身 |
| ④ 短 | ⑤ 時 | ⑥ 今 |

(72) 心 (73) 長

➡ 다음 漢字語에 알맞은 뜻을 쓰세요. (74~75)

(74) 日月 (75) 半分

다음 ( ) 안에 들어갈 漢字를 〈예〉에서 찾아 그 번호를 쓰세요. (76~77)

[예]
① 和	② 下	③ 窓
④ 左	⑤ 休	⑥ 出

(76) 우리 두 사람은 同(　)이다.

(77) 형은 군대에 가기로 하고 (　)學하였다.

다음 漢字의 진하게 표시한 획은 몇 번째 쓰는지 〈예〉에서 찾아 그 번호를 쓰세요. (78~80)

[예]
① 첫 번째	② 두 번째	③ 세 번째	④ 네 번째
⑤ 다섯 번째	⑥ 여섯 번째	⑦ 일곱 번째	⑧ 여덟 번째
⑨ 아홉 번째			

(78) 角　　(79) 科　　(80) 和

제2회 6급 Ⅱ 실전문제

(社)한국어문회 주관 · 한국한자능력검정회 시행

⊙ 다음 밑줄 친 漢字語의 讀音(독음;읽는 소리)을 쓰세요. (1~32)

[예]	漢字 → 한자

(1) 영희는 봉사 活動을 열심히 한다.

(2) 운동으로 身體를 단련하였다.

(3) 백화점에서 春秋복을 샀다.

(4) 토요일에 學術 강연회에 다녀왔다.

(5) 나라에서는 農業을 권장하였다.

(6) 무용 동작이 매우 自然스럽다.

(7) 민관이 同力하여 그 문제를 조사하였다.

(8) 光明 천지에 있어서는 안 될 일이다.

(9) 그가 여전히 살아있다는 所聞이다.

(10) 건축 圖面을 자세히 살폈다.

(11) 두 사람의 만남은 運命이라 생각되었다.

(12) 電氣를 다룰 때는 조심하여야 한다.

(13) 그에게는 두려운 氣色이 없었다.

(14) 이 식물은 發育 상태가 좋다.

(15) 외국어 시간에 會話를 연습하였다.

(16) 드디어 不幸이 끝나고 기쁨이 찾아왔다.

(17) 부상당한 군인이 後方으로 이송되었다.

(18) 문제 풀이에 集中하였다.

(19) 어른을 섬기는 道理를 다해야 한다.

(20) 조선 王室에 경사가 생겼다.

(21) 용감하게 戰場을 누볐다.

(22) 고속도로가 直線으로 뻗어 있었다.

(23) 학생들에게 이념을 注入하였다.

(24) 열심히 사는 사람이 成功한다.

(25) 現代 사회는 변화가 빠르다.

(26) 불합리한 교육 제도는 時急히 바꿔야 한다.

(27) 철수는 運動을 열심히 한다.

(28) 일의 前後 사정을 잘 살펴야 한다.

(29) 전세는 아군에게 有利하게 전개되었다.

(30) 가족이 함께 정원에 植木하였다.

(31) 아버지와 함께 祖上의 산소를 찾았다.

(32) 그 전투로 勇名을 남겼다.

◐ 다음 漢字의 訓(훈;뜻)과 音(음;소리)을 쓰세요. (33~62)

[예]	字 → 글자 자	

(33) 育	(34) 消	(35) 歌
(36) 班	(37) 每	(38) 發
(39) 算	(40) 術	(41) 運
(42) 集	(43) 窓	(44) 表
(45) 活	(46) 昨	(47) 勇
(48) 植	(49) 放	(50) 童
(51) 幸	(52) 休	(53) 風
(54) 住	(55) 藥	(56) 圖
(57) 登	(58) 部	(59) 旗
(60) 公	(61) 庭	(62) 物

➡ 다음 각 글자와 의미상 반대(反對)되는 漢字를 쓰세요. (63~64)

[예]	
	南 ↔ (北)

(63) (   ) ↔ 短

(64) 兄 ↔ (   )

➡ 다음 (   ) 속의 글자를 漢字로 쓰세요. (65~66)

(65) 男(녀)老少

(66) 內(외)之間

➡ 다음과 같은 뜻을 지닌 괄호 속의 낱말을 漢字로 쓰세요. (67~68)

(67) (백토) : 빛깔이 흰 흙

(68) (산중) : 산속

➡ 다음의 訓(훈;뜻)과 音(음;소리)를 가진 漢字를 쓰세요. (69~77)

[예]	
	읽을 독 (讀)

(69) 군사 군   (70) 백성 민

(71) 푸를 청   (72) 집 실

(73) 동녘 동   (74) 먼저 선

(75) 불 화   (76) 가운데 중

(77) 쇠 금

다음 漢字의 진하게 표시한 획은 몇 번째 쓰는지 〈예〉에서 찾아 그 번호를 쓰세요. (78~80)

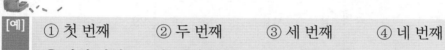

[예]	① 첫 번째	② 두 번째	③ 세 번째	④ 네 번째
	⑤ 다섯 번째	⑥ 여섯 번째	⑦ 일곱 번째	⑧ 여덟 번째
	⑨ 아홉 번째			

(78) 堂   (79) 成   (80) 幸

제102회 6급 II 기출문제 답안지

■ 사단법인 한국어문회 • 한국한자능력검정회　　　　　2023. 08. 26. (토)　　　6 2 1 ■

수험번호 □□□-□□-□□□□　　　　　　　　성명 □□□□□

생년월일 □□□□□□　　※ 유성 싸인펜, 붉은색 필기구 사용 불가.

※ 답안지는 컴퓨터로 처리되므로 구기거나 더럽히지 마시고, 정답 칸 안에만 쓰십시오.
　글씨가 채점란으로 들어오면 오답처리가 됩니다.

제102회 전국한자능력검정시험 6급 II 답안지(1)

번호	정답	1검	2검	번호	정답	1검	2검	번호	정답	1검	2검
1	가계			14	방학			27	지도		
2	공간			15	백방			28	집중		
3	공정			16	부분			29	출현		
4	광선			17	오각			30	평화		
5	교육			18	성공			31	활동		
6	대답			19	세상			32	회사		
7	독서			20	시작			33	아닐 불/부		
8	동일			21	시장			34	눈 설		
9	동화			22	음악			35	흰 백		
10	매년			23	이용			36	재주 재		
11	문물			24	자연			37	약할 약		
12	민심			25	전기			38	곧을 직		
13	반문			26	전력			39	몸 신		

감독위원	채점위원(1)		채점위원(2)		채점위원(3)	
(서명)	(득점)	(서명)	(득점)	(서명)	(득점)	(서명)

※ 본 답안지는 컴퓨터로 처리되므로 구겨지거나 더럽혀지지 않도록 조심하시고 글씨를 칸 안에 또박또박 쓰십시오.

제102회 전국한자능력검정시험 6급 II 답안지(2)

번호	정답	1검	2검	번호	정답	1검	2검	번호	정답	1검	2검
40	높을 고			54	하늘 천			68	校門		
41	차례 제:			55	뜻 의			69	南北		
42	발 족			56	마을 촌			70	兄弟		
43	흙 토			57	새 신			71	三寸		
44	말씀 어			58	할아비 조			72	生日		
45	있을 유			59	때 시			73	王室		
46	필 발			60	아들 자			74	二月		
47	마을 리			61	종이 지			75	軍人		
48	저녁 석			62	③			76	父母		
49	낮 오			63	②			77	西山		
50	열 십			64	④			78	⑥		
51	밥/먹을 식			65	①			79	⑥		
52	편안 안			66	⑥			80	⑥		
53	뜰 정			67	④						

부록 II

제103회 6급 II 기출문제 답안지

■ 사단법인 한국어문회 · 한국한자능력검정회　　　2023. 11. 11. (토)　　　6 2 1 ■

수험번호 □□□-□□-□□□□　　　성명 □□□□□

생년월일 □□□□□□　※ 유성 싸인펜, 붉은색 필기구 사용 불가.

※ 답안지는 컴퓨터로 처리되므로 구기거나 더럽히지 마시고, 정답 칸 안에만 쓰십시오.
　 글씨가 채점란으로 들어오면 오답처리가 됩니다.

제103회 전국한자능력검정시험 6급 II 답안지(1)

번호	정답	1검	2검	번호	정답	1검	2검	번호	정답	1검	2검
1	전술			14	심기			27	춘추		
2	풍토			15	공공			28	천연		
3	주의			16	수리			29	동작		
4	지리			17	대외			30	편지		
5	교육			18	전차			31	조상		
6	자신			19	휴업			32	팔방		
7	남해			20	직전			33	마실 음		
8	효자			21	창구			34	급할 급		
9	식당			22	청명			35	다행 행		
10	부족			23	음색			36	이룰 성		
11	등분			24	중부			37	화할 화		
12	활용			25	세대			38	약할 약		
13	시간			26	공백			39	각각 각		

감독위원	채점위원(1)		채점위원(2)		채점위원(3)	
(서명)	(득점)	(서명)	(득점)	(서명)	(득점)	(서명)

※ 본 답안지는 컴퓨터로 처리되므로 구겨지거나 더렵혀지지 않도록 조심하시고 글씨를 칸 안에 또박또박 쓰십시오.

제103회 전국한자능력검정시험 6급 Ⅱ 답안지(2)

번호	정답	1검	2검	번호	정답	1검	2검	번호	정답	1검	2검
40	놓을 방			54	모양 형			68	父母		
41	비로소 시			55	그림 도			69	先生		
42	겉 표			56	눈 설			70	萬一		
43	약 약			57	빛 광			71	兄弟		
44	공[勳] 공			58	즐길 락 | 노래 악 | 좋아할 요			72	學年		
45	뿔 각			59	귀신 신			73	東北		
46	실과 과			60	줄 선			74	三寸		
47	새 신			61	나눌 반			75	大門		
48	나타날 현			62	③			76	五六		
49	사라질 소			63	②			77	軍人		
50	들을 문			64	③ 身			78	⑤		
51	셀 계			65	① 會			79	⑥		
52	아이 동			66	⑥ 發火			80	⑦		
53	과목 과			67	③ 才勇						

제104회 6급 II 기출문제 답안지

■ 사단법인 한국어문회 · 한국한자능력검정회   2024. 02. 24. (토)   6 2 1 ■

수험번호 ☐☐☐-☐☐-☐☐☐☐   성명 ☐☐☐☐☐

생년월일 ☐☐☐☐☐☐   ※ 유성 싸인펜, 붉은색 필기구 사용 불가.

※ 답안지는 컴퓨터로 처리되므로 구기거나 더럽히지 마시고, 정답 칸 안에만 쓰십시오.
  글씨가 채점란으로 들어오면 오답처리가 됩니다.

제104회 전국한자능력검정시험 6급 II 답안지(1)

번호	정답	1검	2검	번호	정답	1검	2검	번호	정답	1검	2검
1	가수			14	공간			27	정오		
2	주의			15	등산			28	외과		
3	안전			16	시장			29	체력		
4	발표			17	자연			30	대등		
5	행운			18	방전			31	음식		
6	편지			19	도면			32	교실		
7	직선			20	반성			33	실과 과		
8	공동			21	분업			34	집 가		
9	동물			22	청춘			35	귀신 신		
10	작년			23	계산			36	비로소 시		
11	학술			24	작문			37	급할 급		
12	농림			25	소중			38	공 구		
13	세계			26	동화			39	안 내		

감독위원	채점위원(1)		채점위원(2)		채점위원(3)	
(서명)	(득점)	(서명)	(득점)	(서명)	(득점)	(서명)

※ 본 답안지는 컴퓨터로 처리되므로 구겨지거나 더렵혀지지 않도록 조심하시고 글씨를 칸 안에 또박또박 쓰십시오.

제104회 전국한자능력검정시험 6급 II 답안지(2)

번호	정답	1검	2검	번호	정답	1검	2검	번호	정답	1검	2검
40	빛 광			54	집 당			68	軍人		
41	이름 명			55	꽃 화			69	先生		
42	올 래			56	살 활			70	南北		
43	새 신			57	이할 리			71	校長		
44	임금 왕			58	매양 매			72	六日		
45	이룰 성			59	일천 천			73	大門		
46	아들 자			60	겨울 동			74	五月		
47	기록할 기			61	이제 금			75	兄弟		
48	설 립			62	③			76	三寸		
49	창 창			63	④			77	父母		
50	아래 하			64	②			78	④		
51	밝을 명			65	①			79	⑥		
52	흰 백			66	⑤			80	⑤		
53	모양 형			67	②						

부록 II

제105회 6급Ⅱ 기출문제 답안지

■ 사단법인 한국어문회 · 한국한자능력검정회　　　　2024. 05. 25. (토)　　　6 2 1 ■

수험번호 □□□-□□-□□□□　　　성명 □□□□□

생년월일 □□□□□□　　※ 유성 싸인펜, 붉은색 필기구 사용 불가.

※ 답안지는 컴퓨터로 처리되므로 구기거나 더럽히지 마시고, 정답 칸 안에만 쓰십시오.
　글씨가 채점란으로 들어오면 오답처리가 됩니다.

제105회 전국한자능력검정시험 6급Ⅱ 답안지(1)

번호	정답	1검	2검	번호	정답	1검	2검	번호	정답	1검	2검
1	명운			14	기풍			27	대답		
2	불안			15	발육			28	동의		
3	표면			16	분수			29	전연		
4	백방			17	이중			30	서당		
5	차편			18	회식			31	출시		
6	반동			19	유선			32	심산		
7	도리			20	지명			33	빛 광		
8	임업			21	농부			34	셀 계		
9	동화			22	시작			35	반(半) 반		
10	문물			23	자신			36	한가지 공		
11	소문			24	성화			37	실과 과		
12	초가			25	약수			38	살필 성 | 덜 생		
13	공정			26	주입			39	마실 음		

감독위원		채점위원(1)		채점위원(2)		채점위원(3)	
(서명)		(득점)	(서명)	(득점)	(서명)	(득점)	(서명)

※ 본 답안지는 컴퓨터로 처리되므로 구겨지거나 더럽혀지지 않도록 조심하시고 글씨를 칸 안에 또박또박 쓰십시오.

제105회 전국한자능력검정시험 6급Ⅱ 답안지(2)

번호	정답	1검	2검	번호	정답	1검	2검	번호	정답	1검	2검
40	높을 고			54	공 구			68	父母		
41	귀신 신			55	재주 술			69	學校		
42	대신할 대			56	무리 등			70	南北		
43	그림 도			57	맑을 청			71	敎室		
44	모양 형			58	즐길 락 | 노래 악 | 좋아할 요			72	國土		
45	약할 약			59	나타날 현			73	大門		
46	이할 리			60	제목 제			74	四月		
47	이제 금			61	공[勳] 공			75	三寸		
48	밝을 명			62	②			76	靑年		
49	사라질 소			63	②			77	軍人		
50	날랠 용			64	① 生			78	⑥		
51	어제 작			65	④ 短			79	⑤		
52	눈 설			66	① 紙窓			80	⑧		
53	뜰 정			67	③ 集中						

부록Ⅱ

제106회 6급Ⅱ 기출문제 답안지

■ 사단법인 한국어문회 · 한국한자능력검정회　　　　2024. 08. 24. (토)　　　6 2 1 ■

수험번호 □□□-□□-□□□□　　　　　　　성명 □□□□□

생년월일 □□□□□□　　※ 유성 싸인펜, 붉은색 필기구 사용 불가.

※ 답안지는 컴퓨터로 처리되므로 구기거나 더럽히지 마시고, 정답 칸 안에만 쓰십시오.
　글씨가 채점란으로 들어오면 오답처리가 됩니다.

제106회 전국한자능력검정시험 6급Ⅱ 답안지(1)

번호	정답	1검	2검	번호	정답	1검	2검	번호	정답	1검	2검
1	내면			14	편리			27	평등		
2	정답			15	문체			28	시장		
3	가업			16	명제			29	발표		
4	사각			17	식물			30	공공		
5	공간			18	방심			31	성공		
6	차도			19	백기			32	과학		
7	세계			20	화색			33	따 지		
8	집계			21	광선			34	노래 가		
9	공부			22	동장			35	강 강		
10	기분			23	반성			36	높을 고		
11	의도			24	급소			37	이제 금		
12	동작			25	화술			38	농사 농		
13	전력			26	행운			39	짧을 단		

감독위원	채점위원(1)		채점위원(2)		채점위원(3)	
(서명)	(득점)	(서명)	(득점)	(서명)	(득점)	(서명)

※ 본 답안지는 컴퓨터로 처리되므로 구겨지거나 더럽혀지지 않도록 조심하시고 글씨를 칸 안에 또박또박 쓰십시오.

제106회 전국한자능력검정시험 6급 II 답안지(2)

번호	정답	1검	2검	번호	정답	1검	2검	번호	정답	1검	2검
40	오를 등			54	낮 오			68	九月		
41	늙을 로			55	기를 육			69	東西		
42	다스릴 리			56	어제 작			70	母校		
43	일만 만			57	재주 재			71	三寸		
44	백성 민			58	임금/주인 주			72	女軍		
45	나눌 반			59	종이 지			73	王室		
46	일백 백			60	마을 촌			74	兄弟		
47	일 사			61	곧을 직			75	靑年		
48	저녁 석			62	③			76	火山		
49	눈 설			63	②			77	先金		
50	셈 수			64	①			78	⑥		
51	때 시			65	④			79	⑨		
52	몸 신			66	②			80	⑫		
53	그럴 연			67	⑤						

제107회 6급 Ⅱ 기출문제 답안지

■ 사단법인 한국어문회 • 한국한자능력검정회　　　　2024. 11. 09. (토)　　　6 2 1 ■

수험번호 □□□-□□-□□□□　　　　　성명 □□□□□

생년월일 □□□□□□　※ 유성 싸인펜, 붉은색 필기구 사용 불가.

※ 답안지는 컴퓨터로 처리되므로 구기거나 더럽히지 마시고, 정답 칸 안에만 쓰십시오.
　글씨가 채점란으로 들어오면 오답처리가 됩니다.

제107회 전국한자능력검정시험 6급 Ⅱ 답안지(1)

번호	정답	1검	2검	번호	정답	1검	2검	번호	정답	1검	2검
1	방출			14	농약			27	수술		
2	후면			15	서당			28	문집		
3	촌부			16	노약			29	표지		
4	명운			17	의도			30	천추		
5	천연			18	전구			31	음식		
6	발육			19	외형			32	청산		
7	물색			20	인편			33	날랠 용		
8	신문			21	각자			34	대할 대		
9	내부			22	차체			35	즐길 락 | 노래 악 | 좋아할 요		
10	성과			23	업계			36	믿을 신		
11	해초			24	이용			37	나타날 현		
12	대금			25	청춘			38	모일 사		
13	주제			26	동작			39	아이 동		

감독위원	채점위원(1)		채점위원(2)		채점위원(3)	
(서명)	(득점)	(서명)	(득점)	(서명)	(득점)	(서명)

※ 본 답안지는 컴퓨터로 처리되므로 구겨지거나 더렵혀지지 않도록 조심하시고 글씨를 칸 안에 또박또박 쓰십시오.

제107회 전국한자능력검정시험 6급Ⅱ 답안지(2)

번호	정답	1검	2검	번호	정답	1검	2검	번호	정답	1검	2검
40	모일 회			54	공평할 공			68	九十		
41	빛 광			55	한가지 공			69	國民		
42	부을 주			56	다스릴 리			70	南東		
43	비로소 시			57	다행 행			71	女軍		
44	셀 계			58	무리 등			72	大門		
45	공[勳] 공			59	귀신 신			73	萬一		
46	뜰 정			60	급할 급			74	四寸		
47	재주 재			61	차례 제			75	先生		
48	나눌 분			62	③			76	五月		
49	과목 과			63	④			77	火山		
50	눈 설			64	④			78	⑥		
51	살필 성 ǀ 덜 생			65	①			79	⑥		
52	나눌 반			66	⑤			80	⑦		
53	줄 선			67	④						

제1회 6급 II 실전문제 답안지

■ 사단법인 한국어문회 • 한국한자능력검정회   621 ■

수험번호 □□□-□□-□□□□   성명 □□□□□

생년월일 □□□□□□   ※ 유성 싸인펜, 붉은색 필기구 사용 불가.

※ 답안지는 컴퓨터로 처리되므로 구기거나 더럽히지 마시고, 정답 칸 안에만 쓰십시오.
   글씨가 채점란으로 들어오면 오답처리가 됩니다.

제1회 전국한자능력검정시험 6급 II 실전문제 답안지(1)

번호	정답	1검	2검	번호	정답	1검	2검	번호	정답	1검	2검
1	세계			14	등산			27	현금		
2	반기			15	주민			28	청백		
3	읍면			16	동자			29	백성		
4	춘추			17	반장			30	주입		
5	분명			18	표기			31	외형		
6	내실			19	농업			32	전선		
7	장소			20	자연			33	짧을 단		
8	집성			21	시장			34	이할 리		
9	전화			22	평등			35	무리 등		
10	지도			23	백지			36	사라질 소		
11	설색			24	모교			37	뜻 의		
12	정구			25	시작			38	과목 과		
13	광선			26	공용			39	믿을 신		

감독위원	채점위원(1)		채점위원(2)		채점위원(3)	
(서명)	(득점)	(서명)	(득점)	(서명)	(득점)	(서명)

※ 본 답안지는 컴퓨터로 처리되므로 구겨지거나 더렵혀지지 않도록 조심하시고 글씨를 칸 안에 또박또박 쓰십시오.

제1회 전국한자능력검정시험 6급Ⅱ 실전문제 답안지(2)

번호	정답	1검	2검	번호	정답	1검	2검	번호	정답	1검	2검
40	재주 술			54	지아비 부			68	先金		
41	귀신 신			55	모일 사			69	八寸		
42	물건 물			56	노래 가			70	生水		
43	올 래			57	아이 동			71	萬人		
44	셈 수			58	뜰 정			72	③ 身		
45	공 공			59	약할 약			73	④ 短		
46	마실 음			60	살 활			74	해와 달		
47	있을 유			61	사이 간			75	절반으로 나눔		
48	옮길 운			62	大學			76	③ 窓		
49	화할 화			63	靑年			77	⑤ 休		
50	무거울 중			64	南北			78	⑦		
51	몸 체			65	兄弟			79	⑧		
52	지경 계			66	父母			80	⑤		
53	대신할 대			67	女軍						

부록Ⅱ

제2회 6급 Ⅱ 실전문제 답안지

■ 사단법인 한국어문회 • 한국한자능력검정회　　6 2 1 ■

수험번호 □□□-□□-□□□□　　성명 □□□□□

생년월일 □□□□□□　 ※ 유성 싸인펜, 붉은색 필기구 사용 불가.

※ 답안지는 컴퓨터로 처리되므로 구기거나 더럽히지 마시고, 정답 칸 안에만 쓰십시오.
　글씨가 채점란으로 들어오면 오답처리가 됩니다.

제2회 전국한자능력검정시험 6급 Ⅱ 실전문제 답안지(1)

번호	정답	1검	2검	번호	정답	1검	2검	번호	정답	1검	2검
1	활동			14	발육			27	운동		
2	신체			15	회화			28	전후		
3	춘추			16	불행			29	유리		
4	학술			17	후방			30	식목		
5	농업			18	집중			31	조상		
6	자연			19	도리			32	용명		
7	동력			20	왕실			33	기를 육		
8	광명			21	전장			34	사라질 소		
9	소문			22	직선			35	노래 가		
10	도면			23	주입			36	나눌 반		
11	운명			24	성공			37	매양 매		
12	전기			25	현대			38	필 발		
13	기색			26	시급			39	셈 산		

감독위원	채점위원(1)		채점위원(2)		채점위원(3)	
(서명)	(득점)	(서명)	(득점)	(서명)	(득점)	(서명)

※ 본 답안지는 컴퓨터로 처리되므로 구겨지거나 더렵혀지지 않도록 조심하시고 글씨를 칸 안에 또박또박 쓰십시오.

제2회 전국한자능력검정시험 6급Ⅱ 실전문제 답안지(2)

번호	정답	1검	2검	번호	정답	1검	2검	번호	정답	1검	2검
40	재주 술			54	살 주			68	山中		
41	옮길 운			55	약 약			69	軍		
42	모을 집			56	그림 도			70	民		
43	창 창			57	오를 등			71	靑		
44	겉 표			58	떼 부			72	室		
45	살 활			59	기 기			73	東		
46	어제 작			60	공평할 공			74	先		
47	날랠 용			61	뜰 정			75	火		
48	심을 식			62	물건 물			76	中		
49	놓을 방			63	長			77	金		
50	아이 동			64	弟			78	④		
51	다행 행			65	女			79	⑥		
52	쉴 휴			66	外			80	⑦		
53	바람 풍			67	白土						

市民社會 시민사회

신분적으로 구속에 지배되지 않으며,
자유롭고 평등한 개인의 이성적 결합으로 이루어진 사회

MEMO

樂山樂水 요산요수

산과 물을 좋아한다는 것으로, 즉 자연을 좋아함

MEMO

百年大計

백년대계

먼 뒷날까지 바라보는 큰 계획

저자　남기탁(南基卓)

약력　한국어문교육연구회 편찬위원장

　　　사단법인 한국어문회 이사

　　　한국한자능력검정회 회장

　　　강원대학교 인문대학 국어국문학과 교수

한자능력검정시험 6급 II

초판발행　2010년　8월　1일

14판발행　2025년　8월　20일

발행인　한국어문교육연구회

발행처　한국어문교육연구회

주소　서울시 서초구 사임당로 64, 401호(서초동, 교대벤처타워)

전화　1566-1400

등록번호　제22-1555호

ISBN　979-11-91238-81-5　13700

정가　19,000원

공급처　 푸른하늘　T.02-332-1275, 1276　|　F.02-332-1274
www.skymiru.co.kr